"十四五"职业教育国家规划教材

仓储作业管理

主　编　徐丽蕊
副主编　张翠花　李　静　贺彩玲
参　编　高贺云　贾苏绒　仝丹娜
　　　　王晓伟　成志平　朱鑫彦
主　审　王永莲

北京理工大学出版社
BEIJING INSTITUTE OF TECHNOLOGY PRESS

版权专有 侵权必究

图书在版编目（CIP）数据

仓储作业管理 / 徐丽蕊主编. —北京：北京理工大学出版社，2020.7（2023.7 重印）
ISBN 978-7-5682-8655-8

Ⅰ. ①仓⋯ Ⅱ. ①徐⋯ Ⅲ. ①仓库管理－高等学校－教材 Ⅳ. ①F253

中国版本图书馆 CIP 数据核字（2020）第 116258 号

出版发行 / 北京理工大学出版社有限责任公司	
社　　址 / 北京市海淀区中关村南大街 5 号	
邮　　编 / 100081	
电　　话 / (010) 68914775（总编室）	
(010) 82562903（教材售后服务热线）	
(010) 68944723（其他图书服务热线）	
网　　址 / http://www.bitpress.com.cn	
经　　销 / 全国各地新华书店	
印　　刷 / 三河市天利华印刷装订有限公司	
开　　本 / 787 毫米×1092 毫米　1/16	
印　　张 / 15.5	责任编辑 / 徐春英
字　　数 / 345 千字	文案编辑 / 申玉琴
版　　次 / 2020 年 7 月第 1 版　2023 年 7 月第 4 次印刷	责任校对 / 周瑞红
定　　价 / 48.00 元	责任印制 / 施胜娟

图书出现印装质量问题，请拨打售后服务热线，本社负责调换

前　　言

二十大报告指出：构建优质高效的服务业新体系，推动现代服务业同先进制造业、现代农业深度融合。加快发展物联网，建设高效顺畅的流通体系，降低物流成本，并加快发展数字经济，促进数字经济和实体经济深度融合。仓储环节是现代物流系统运作的重要组成部分，在整个现代流通体系中至关重要。通过仓储作业及运营管理过程，不断优化现代供应链过程，从而建设高效顺畅的流通体系，降低物流成本；加快仓储作业环节的数字化和智能化，构建智慧物流新生态，不断推动物流智能化、加强供应链抗风险能力。

2019 年 2 月，国务院印发了《国家职业教育改革实施方案》，方案要求促进产教融合校企"双元"育人，坚持知行合一、工学结合，倡导使用新型活页式、工作手册式教材并配套开发信息化资源。从 2019 年开始，在职业院校启动"学历证书＋若干职业技能等级证书"制度试点工作，要求在进一步发挥好学历证书作用的同时，将职业技能等级证书培训融入教学，开发书证融通专业课程教材。

在编写理念上，本教材以立德树人为根本，以产教融合为特色，校企"双元"开发；依托省级精品在线开放课程"仓储业务操作"学习平台，较好地满足线上线下混合式教学需求，通过教材建设，大力推进"三教"改革；聚焦现代物流仓储作业领域，按照"以知识学习为基础，以技能训练为重点，以理实一体教学为路径、以全方位育人为目标"的思路设计开发；挖掘课程思政元素，践行工匠精神培育，将产业发展的新知识、新技术、新规范以及全国技能大赛和 1＋X 证书标准融入教材，推动"岗课赛证融通"综合育人。

本书全面而系统地介绍了当前仓储作业方式和组织管理方法，有效对接物流管理 1＋X 证书中的仓储作业模块考核标准，设计了认知—业务—管理"三层进阶"的课程内容体系，分为仓储认知、仓储商务管理、物品入库作业、物品在库作业、货物出库作业、仓储成本管理与绩效分析 6 个项目，每个项目设有学习目标、内容架构、引入案例、任务导入、任务描述、知识链接、问题思考、能力训练、任务检测等栏目，边白设有"想一想""读一读""查一查"，能够落实立德树人根本任务，满足"任务驱动"教学模式需求，培养学生独立解决问题的能力和创新思维能力；同时配有数字化教学资源，满足学生全方位、立体式、线上与线下学习的需要。

本书具有如下特色：

1. 坚持立德树人根本任务，体现职业教育特色

本书坚持立德树人根本任务，融入课程思政元素，将知识传授与技术技能培养、工匠精神塑造、爱国情怀激发并重。教材聚焦现代物流中的仓储作业领域,结合传统仓储作业向信息化、智能化、自动化发展带来的巨大变化和现代物流安全、规范、高效的作业管理流程,增强学生的爱国主义情怀,培养精益求精的工匠精神。

2. 坚持产教融合,突出职业教育特点

本书坚持产教融合,拥有一支校企"双元"合作开发的教材编写团队,紧跟现代物流产业发展趋势和行业人才需求,及时将产业发展的新技术、新标准、新规范融入教材内容。以知识学习为基础,以技能训练为重点,以全方位育人为目标,激发学习动力,提高学习积极性,从而达到高素质技术技能人才培养的目标要求。

3. 坚持信息革命,适应数字化时代变革

本书是省级精品在线开放课程"仓储业务操作"的配套教材,教材编写与课程建设、配套资源开发、信息技术应用统筹推进,是一本能够较好地满足线上线下混合式教学的新形态一体化教材。扫描本页二维码,可进入在线开放课程在线学习。

4. 推进书证融通,融合1+X职业技能等级标准

教材适应1+X证书制度试点工作需要,将物流管理1+X职业技能等级标准有关内容及要求有机融入教材,推进书证融通。

本书由陕西工业职业技术学院徐丽蕊任主编,陕西工业职业技术学院张翠花、李静、贺彩玲任副主编。由徐丽蕊负责全书的策划和通稿,具体编写分工为:徐丽蕊编写项目一、项目六任务三和综合训练,张翠花编写项目三,陕西工业职业技术学院贺彩玲编写项目二,西安铁路职业技术学院贾苏绒编写项目四任务一,陕西工业职业技术学院仝丹娜编写项目四任务二,陕西工业职业技术学院高贺云编写项目四任务三,陕西工业职业技术学院王晓伟编写项目四任务四,陕西工业职业技术学院成志平编写项目五任务一和任务三,陕西工业职业技术学院李静编写项目五任务二,陕西工业职业技术学院朱鑫彦编写项目六任务一和任务二。

本书在编写过程中得到了顺丰控股股份有限公司运营总监林晖钢的大力支持,他给本书的创作提供了很多素材及宝贵意见;与此同时,又参阅了大量的书籍和文献资料,利用了一些网络资源,引用了众多学者的研究成果和一些公司的案例资料。在此对这些前辈、同行、专家、学者表示诚挚的敬意和由衷的感谢。

仓储业在我国正处于快速发展中,仓储管理理论和方法的创新不断涌现,高职教育教学改革的尝试不断推进,由于编者的理论水平和实践经验有限,书中难免存在不足之处,恳请各位专家和读者批评指正,以便再版时予以修正,使其不断完善。

编　者

目 录

项目一 仓储认知 ··· (001)
 任务一 认识仓储企业 ··· (004)
  子任务1：仓储活动认知 ·· (004)
  子任务2：仓储功能认知 ·· (008)
  子任务3：仓储企业组织结构形式调研 ······························· (012)
 任务二 认识仓库类型 ··· (017)
 任务三 仓库布局与规划 ·· (027)
  子任务1：仓储功能区域划分与动线设计 ··························· (028)
  子任务2：仓库储位管理 ·· (036)
 任务四 仓库安全管理 ··· (042)

项目二 仓储商务管理 ·· (051)
 任务一 仓储合同签订 ··· (053)
  子任务1：仓储合同签订 ·· (053)
  子任务2：仓储合同履行 ·· (058)
 任务二 仓单业务办理 ··· (065)
  子任务1：认识仓单 ··· (065)
  子任务2：仓单业务 ··· (070)

项目三 物品入库作业 ·· (077)
 任务一 入库作业准备 ··· (079)
  子任务1：接受入库申请 ·· (080)
  子任务2：入库作业计划编制 ·· (083)
 任务二 入库作业实务 ··· (087)
  子任务1：接运卸货 ··· (088)
  子任务2：物品检验 ··· (090)
 任务三 入库信息处理 ··· (097)

项目四 物品在库作业 (105)

任务一 物品堆码与苫垫 (107)
子任务1：认识物品堆码形式 (107)
子任务2：物品组托作业设计和实施 (112)
子任务3：堆码参数设计 (116)
子任务4：物品苫垫作业 (120)

任务二 仓库温湿度控制和调节 (126)
子任务1：仓库温湿度变化及测定 (127)
子任务2：仓库温湿度控制与调节 (132)

任务三 库存管理 (137)
子任务1：ABC分类法 (138)
子任务2：经济订货批量 (141)
子任务3：定量订货法 (145)
子任务4：定期订货法 (148)

任务四 物品盘点 (154)
子任务1：盘点策略确定 (154)
子任务2：盘点盈亏处理 (158)

项目五 物品出库作业 (165)

任务一 出库作业认知 (167)

任务二 订单处理与货物拣选 (174)
子任务1：订单处理 (176)
子任务2：物品拣选 (180)

任务三 退货作业管理 (185)

项目六 仓储成本管理与绩效分析 (192)

任务一 认识仓储成本 (194)

任务二 仓储成本分析与控制 (201)

任务三 仓储绩效管理 (209)

参考文献 (221)

项目一
仓储认知

【学习目标】

- **知识目标**
1. 熟悉仓储活动和仓储的功能
2. 能够说出仓储企业组织结构的类型
3. 能够解释仓库的不同分类
4. 掌握仓库布置、动线类型及储位编码相关知识
5. 理解仓库安全的基本知识

- **技能目标**
1. 能够分析企业仓储管理的内容
2. 能够分析仓库所属的类型
3. 具有分析企业的组织结构、形式特点的能力
4. 具有分析仓库布局并优化储位管理的能力
5. 具有根据仓库实际情况分析安全问题的能力

- **素质目标**
1. 认识并培养热爱物流行业的品质
2. 培养忠诚企业的基本素养
3. 强化安全第一的意识

【内容架构】

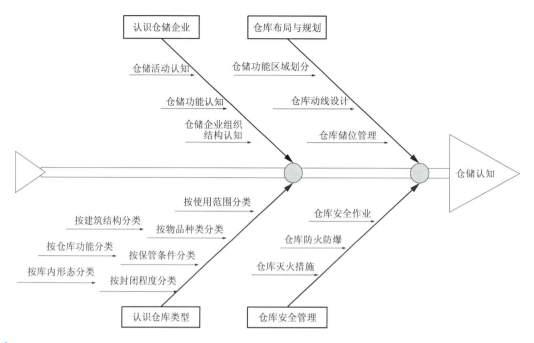

【引入案例】

我国仓储业发展情况

商务部流通业发展司发布《2018中国仓储行业发展报告》显示，2017年，全国仓储业企业数量37 120家，同比增长10.7%。其中，大型企业125家，占0.34%；中型企业3 595家，占9.66%；小微型企业33 400家，占90%。与上年度相比，大型和中型企业占比略有下降，小微型企业占比略有增长。

近年来，在市场需求与政策支持的双重因素推动下，仓储业涌入大量资本，企业数量总体上保持稳步增长态势，成立了许多服务于日用快消品、生鲜农产品、服装、医药等专业领域，服务于B2B、B2C、C2C、O2O等流通模式的仓储、仓配一体、仓配装一体、"互联网+储"、"互联网+仓配一体"的企业。

2017年，全国仓储业资产总额29 162亿元，同比增长16.3%。其中，大型企业占4.05%，中型企业占10.8%，小微型企业占85.15%，与上年度相比，大型和中型企业占比略有下降，小微型企业略有增长。仓储业是一个重资产型行业，虽然进入门槛较低，但对资金和设施设备投资要求较高。从总量上看，行业资产总额增长较快，增幅波动较大；从平均水平看，企业平均资产总额一直保持稳步增长态势。2017年，全国仓储业从业人数110.2万人，同比增长9.7%。其中，大型企业占6.8%，中型企业占35%，小微型企业占58.2%，与上年度相比，占比基本持平。

（资料来源：商务部流通业发展司、中国仓储与配送协会《中国仓储行业发展报告（2018）》）

2019年西安市通用仓储市场现状

一、西安市物流业发展情况

根据西安市发改委、市政府新闻办在2019年12月2日召开的西安市加快建设先进制造业强市新闻发布会上介绍，西安市在物流、科技、商务服务等生产性服务业领域取得了较快发展。2018年，全市交通运输、仓储和邮政业实现生产总值357.49亿元，增速达到6.3%。截至2018年，全市拥有A级以上物流企业53家，其中5A级6家，4A级18家。

二、西安市仓储市场概况与分析

（一）西安市仓储资源概况

1. 西安市仓库面积情况

根据物联云仓在线数据显示，截至2019年12月，西安市通用仓总面积为881.05万平方米，占全国通用仓总面积的3.46%；可租面积为106.26万平方米，占全国通用仓可租面积的4.14%。其中，未央区通用仓面积较多，为312.09万平方米，约占西安市通用仓总面积的35%；其次为高陵区（151.66万平方米）、灞桥区（139.98万平方米）、渭城区（133.64万平方米）；临潼区、莲湖区、雁塔区相对较少，占比均约为1%，面积分别为12.60万平方米、11.50万平方米、4.00万平方米。

2. 西安市新增与拆除情况

在新增及在建仓库方面，2019年，西安市新增仓储供应约为27.30万平方米、新增在建仓库35万平方米。

在老旧仓库拆除方面，2019年西安市老旧仓库拆除力度加大，共计拆除25.17万平方米。

（二）西安市重点分区通用仓租金概况

根据物联云仓在线数据显示，截至2019年12月，西安市通用仓平均月租金为23.37元/平方米，低于全国通用仓月平均租金25.14元/平方米。其中，渭城区、高陵区通用仓月平均租金相对较高，均高于24.00元/平方米；长安区、鄠邑区通用仓月平均租金相对较低，均低于20.00元/平方米。

（三）西安市重点分区通用仓空置情况

根据物联云仓在线数据显示，截至2019年12月，西安市通用仓空置率为12.05%，略高于全国通用仓库空置率11.14%。其中，渭城区通用仓空置率相对较高，为25.73%；未央区、新城区、长安区相对较低，均低于6%。

（资料来源：物联云仓）

思考：
1. 分析我国仓储业的发展现状。
2. 分析西安地区仓储市场概况。

任务一　认识仓储企业

任务导入

顺通公司成立于2002年，成立之初是一个只有10名员工、仅提供仓储服务的小公司，在广大员工的共同努力下，公司快速成长，现已发展成为以从事第三方仓储业务为主，同时提供运输、配送、物流管理咨询服务的专业公司，公司现有员工98人，运输车辆40台，年营业额约9 000万元。现有仓库4个，分别承担运动服饰、家电、生鲜食品、办公用品的仓储服务，仓储面积近20 000平方米，公司积极推动仓储技术发展，引入、创新智能化仓储系统，传统物流中心正在向信息中心、数据采集平台转变。

王森第一天来到顺通公司仓储部工作，需要熟悉公司的存储情况、公司仓储业务的功能及仓储管理的目标，具体任务是了解以下问题：公司采用何种组织结构形式？仓储部设置了哪些岗位？各岗位的主要职能是什么？

课前检测：学银在线新手上路测验题

子任务1：仓储活动认知

任务描述

（1）从社会生产和消费需求两个方面讨论仓储活动的重要性。

_____
_____
_____
_____

（2）为什么需要仓储活动？按企业类型举例并分别进行介绍（表1-1）。

表1-1　分析企业仓储活动

企业类型	企业名称	仓储活动存在的原因
生产企业		
零售企业		
批发企业		
仓储式超市		
物流中心		

（3）分析以下仓储活动属于哪种类型？

①常州速派奇车业有限公司自己建造仓库进行原材料、零部件与成品的仓储。
_____
_____

②上海申美饮料有限公司将南通大区的仓储配送业务外包给速达运物流有限公司。
_____
_____

③发网目前在全国有近 150 个仓库，采用全新的 F2C 商业模式运营，工厂生产之后把货运到发网仓库，由发网完成库内操作＋配送管理＋系统服务，真正实现仓配全托管。工厂就近入仓，省时省钱省力。发网自主研发 WMS（智能仓储软件）系统，已完成和所有 ERP（企业资源计划）软件的对接，拥有鞋服、美妆、母婴、食品、3C 等全品类的操作经验，1 000 家知名品牌亲身体验，基于全国仓网、配网、系统及项目服务为企业提供 B2C、B2B 的一体化仓配服务，可覆盖包含 OTT（互联网公司越过运营商发展视频及数据服务业务）电视、线下、电商平台、社交电商、社区电商等多种业务场景的仓配一体化服务。
_____
_____
_____

网 络 资 源

中储发展股份有限公司

在线开放课程平台

2019 年中国仓储行业市场现状及发展趋势分析

知 识 链 接

一、仓储认知

（一）仓储的概念

仓储是指通过仓库对暂时不用的物品进行储存和保管。"仓"即仓库，为存放、保管、储存物品的建筑物和场地的总称，可以是房屋建筑、洞穴、大型容器或特定的场地等，具有存放和保护物品的功能，如图 1-1 所示。"储"即储存、储备，表示收存以备使用，具有收存、保管、交付使用的意思。

扫一扫

中国粮仓发展（文本）

图1-1 仓库

仓储是指利用仓库及相关设施设备进行物品的入库、存储、出库的活动（GB/T 188354—2006《物流术语》）。仓储活动随着物资储存的产生而产生，又随着生产力的发展而发展。仓储是商品流通的重要环节之一，也是物流活动的重要支柱之一。在社会分工和专业化生产的条件下，为保持社会再生产过程的顺利进行，必须储存一定量的物资，因此科学合理地开展仓储活动已经成为社会生产和消费的需求。

现代仓储活动分为两类：一类是"静态"的仓储，是指通过仓库等场所实现对在库物品的储存与保管，可比喻为蓄水池；另一类是"动态"的仓储，是指在商品储存过程中所进行的装卸搬运、分拣组合、包装刷唛、流通加工等活动，可比喻为河流。

扫一扫
仓储活动认知
（微课）

（二）仓储活动的性质

1. 仓储活动的生产性

从事物品的仓储活动与从事物质资料的生产活动虽然在内容和形式上不同，但它们都具有生产性质，无论是处在生产领域的企业仓库还是处在流通领域的储运仓库和物流仓库，其生产的性质是一样的。

（1）仓储活动是社会再生产中不可缺少的一环。任何产品的生产过程，只有当产品进入消费后才算终结。而产品从脱离生产到进入消费一般情况下都要经过运输和储存，所以物品的储存和运输一样，都是社会再生产过程的中间环节。

（2）仓储活动具有三要素。物品仓储活动和企业物资生产活动一样，具有生产三要素，即劳动者、劳动资料和劳动对象，三者缺一不可。物质生产过程就是劳动者借助劳动资料作用于劳动对象的过程。在实际中具体对应如下：

①劳动者——仓库作业人员。

②劳动资料——各种仓库设施和设备。

③劳动对象——储存保管的物品。

（3）仓储活动中的某些环节实际上已经构成生产过程的一个组成部分。例如，原木的加工、零件的配套、机械设备的组装等都是为投入使用做准备，其生产性更为明显。

2. 仓储活动的非生产性

尽管仓储具有生产性质，但与物质资料的生产活动相比又具有非生产性，主要表现在以下几个方面：

（1）不改变劳动对象的功能、性质和使用价值，只是保持和延续其使用价值。

（2）被储存保管物品的使用价值并不因保管劳动的消耗而增加，但价值会增加。

（3）作为仓储活动的产品——仓储劳务，同服务一样，其生产过程和消费过程是同时进行的，既不能储存，也不能积累。

> 想一想
>
> 分析以上仓储活动的三要素。

（三）仓储活动的类型

1. 按仓储活动的运作方式分类

（1）自有仓库仓储。

自有仓库仓储就是企业利用自有仓库进行仓储活动。其特点见表1-2。

表1-2 自有仓库仓储特点

	自有仓库仓储
优点	可以根据企业特点加强仓储管理
	可以依照企业的需要选择地址和修建特需的设施
	长期仓储时成本低
	可以为企业树立良好形象
缺点	存在位置和结构的局限性
	企业的部分资金被长期占用

> 想一想
>
> 京东"亚洲号"仓与中国储运公司的仓库运作方式有什么不同？

（2）租赁仓库仓储。

租赁仓库仓储就是企业租赁为一般公众提供营业性服务的公共仓库进行储存。其特点见表1-3。

表1-3 租赁仓库仓储特点

特点	租赁仓库仓储
优点	需要保管时，保证有场所；不需要保管时，不用承担仓库场地空闲的无形损失
	有专业人员进行保管和进出货物，管理更安全
	不需仓库建设资金
	可以根据市场需求变化选择仓库的租用面积与地点
缺点	当货物流通量大时，仓库保管费与自有仓库相比较高
	所保管的货物需遵守营业仓库的各种限制规则

> 查一查
>
> 登录物联云仓，查询陕西省西咸新区空港新城临空产业园10公里范围内的可租赁仓库，列表汇总说明。

（3）第三方仓储。

第三方仓储（Third-Party Warehousing），或称合同仓储（Contract Warehousing），是指企业将物流活动转包给外部公司，由外部公司为企业提供综合物流服务。其特点见表1-4。

第三方仓储不同于一般的租赁仓库仓储，它能够提供专业化的高效、经济和准确的分销服务。第三方仓储公司与传统仓储公司相比，能为货主提供特殊要求的空间、人力、设备和特殊服务。

表1-4 第三方仓储特点

特点	第三方仓储
优点	有利于企业有效利用资源
	有利于企业扩大市场
	有利于企业进行新市场的测试
	有利于企业降低运输成本
缺点	对物流活动失去直接控制

2. 按仓储的集中程度分类

（1）集中仓储。

以一定的较大批量集中于一个场所之中的仓储活动称为集中仓储。集中仓储是一种大规模储存的方式，可以利用规模效益，有利于采用机械化、自动化，有利于先进科学技术的应用。从储存的调节作用来看，集中仓储有比较强的调节能力及对需求更大的保证能力，集中仓储的单位仓储费用较低，经济效果较好。

（2）分散仓储。

分散仓储是较小规模的储存方式，往往和生产企业、消费者、流通企业相结合，它不是面向社会而是面向某一企业的仓储活动，因此仓储量取决于企业生产或消费要求的经营规模。

分散仓储的主要特点是容易和需求直接密切结合，仓储位置离需求地很近，但是由于数量有限，保证供应的能力一般较小。同样的供应保证能力，集中仓储总量远低于分散仓储总量之和，周转速度高于分散仓储，资金占用量低于分散仓储占用之和。

（3）零库存。

零库存是现代物流学中的重要概念，指某一领域不再保有库存，以无库存（或很低库存）作为生产或供应保障的一种系统方式。

> **读一读**
> 所谓零库存，是指物料（包括原材料、半成品和产成品等）在采购、生产、销售、配送等一个或几个经营环节中，不以仓库存储的形式存在，而均是处于周转的状态。

子任务2：仓储功能认知

任务描述

（1）从本地选择一家以仓储为主要业务的物流企业，设计调研问卷或调研表格，进行实地调研，并填写下面的仓库储存情况调查表（表1-5）。

表 1–5 ＿＿＿＿＿企业存储情况调查表（参考）

小组名称：　　　　　　　　　　　　　　　　　　　　　　　　日期：

仓库编号	面积	类型	主要功能区	储存物资名称	备注

（2）分析调研企业，讨论仓储活动的基本功能和增值功能。

_____
_____
_____
_____

网络资源

仓储业　　　　　　智能仓储　　　　　　在线开放课程平台

知识链接

一、仓储的功能

1. 储存功能

现代社会生产的一个重要特征就是专业化和规模化生产，劳动生产率极高，产量巨大，绝大多数产品都不能被及时消费，需要经过仓储手段进行储存，这样才能避免生产过程堵塞，保证生产过程能够继续进行。另外，对于生产过程来说，适当的原材料、半成品的储存可以防止因缺货造成的生产停顿。而对于销售过程来说，储存尤其是季节性储存可以为企业的市场营销创造良机。适当的储存是市场营销的一种战略，它为市场营销中特别的物品需求提供了缓冲和有力的支持。

2. 保管功能

生产出的产品在消费之前必须保持其使用价值，否则将会被废弃。这项任务就需要由仓储来承担，即在仓储过程中对产品进行保护、管理，防止产品损坏而丧失价值，如水泥受潮易结块而使其使用价值降低，因此在保管过程中要选择合适的储存场所，采取合适的养护措施。

3. 加工功能

在保管期间，保管人根据存货人或客户的要求对保管物的外观、形状、成分构成、尺度等进行加工，使保管物发生所期望的变化。加工主要包括：①为保护产品进行的加工；②为适应多样化进行的加工；③为使消费者方便、省力的加工；④为提高产品利用率的加工；⑤为便于衔接不同的运输方式，使物流更加合理的加工；⑥为实现配送进行的流通加工。

4. 整合功能

整合是仓储活动的一项经济功能。通过这种安排，仓库可以将来自多个制造企业的产品或原材料整合成一个单元，进行一票装运。其好处是有可能实现最低的运输成本，也可以减少由多个供应商向同一客户进行供货带来的拥挤和不便。仓储的整合功能如图1-2所示。

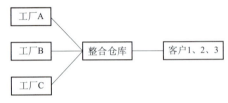

图1-2　仓储的整合功能

为了能有效地发挥仓储整合功能，每一个制造企业都必须把仓库作为货运储备地点，或用作产品分类和组装的设施。这是因为，整合装运的最大好处就是能够把来自不同制造商的小批量货物集中起来形成规模运输，使每一个客户都能享受到物流总成本低于其各自单独运输的成本。

5. 分类和转运功能

分类就是将来自制造商的组合订货分类或分割成个别订货，然后安排适当的运力运送到制造商指定的个别客户。图1-3（a）说明了零售业对仓储分类与转运功能的应用。

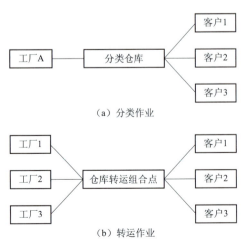

（a）分类作业

（b）转运作业

图1-3　仓储的分类和转运功能

如图1-3（b）所示，仓库从多个制造商（工厂A、工厂B、工厂C）运来整车的货物，在收到货物后，如果货物有标签，就按客户要求进行分类；如果没有标签，就按地点分类，然后货物不在仓库停留而直接装到运输车辆上，装满后运往指定的零售店。同时，由于货物不需要在仓库内进行储存，因而降低了仓库的搬运费用，最大限度地发挥了仓库装卸设施的功能。

6. 支持企业市场形象的功能

尽管市场形象的功能所带来的利益不像前面几个功能带来的利益那样明显，但对于一个企业的营销主管来说，仓储活动依然能被其重视起来。

因为从满足需求的角度看，从一个距离较近的仓库供货远比从生产厂商处供货方便得多，同时仓库也能提供更为快捷的递送服务。这样就会在供货的方便性、快捷性，以及对市场需求的快速反应性方面为企业树立良好的市场形象。

7. 市场信息传感器的功能

任何产品的生产都必须满足社会的需要，生产者需要把握市场需求的动向。社会仓储产品的变化是了解市场需求极为重要的途径。仓储量减少，周转量加大，表明社会需求旺盛；反之则为需求不足。厂家存货增加，表明其产品需求减少或者竞争力降低，或者生产规模不合适。仓储环节所获得的市场信息虽然比销售信息滞后，但更为准确和集中，且信息成本较低。现代企业生产特别重视仓储环节的信息反馈，将仓储量的变化作为决定生产的依据之一。现代物流管理特别重视仓储信息的收集和反应。

8. 提供信用保证的功能

在大批量货物的实物交易中，购买方必须检验货物，确定货物的存在和货物的品质，方可成交。购买方可以到仓库查验货物。由仓库保管人出具的货物仓单是实物交易的凭证，可以作为对购买方提供的保证。仓单本身还可以作为融资工具，可以直接使用仓单进行质押。仓单质押贷款的基本模式如图1-4所示。

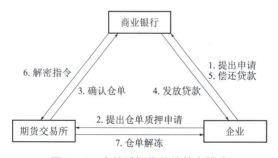

图1-4　仓单质押贷款的基本模式

9. 现货交易的功能

存货人要转让已在仓库存放的物品时，购买人可以到仓库查验物品取样化验，双方可以在仓库进行转让交割。国内众多的批发交易市场既有物品存储功能，又有物品交易功能。众多具有便利交易条件的仓储场所都提供交易活动服务，甚至部分场所还形成了有影响力的交易市场。近年来我国大量发展的阁楼式仓储商店就是仓储功能高度发展、仓储与商业密切结合的结果。

二、仓储管理认知

仓储管理是指对仓储设施布局和设计以及仓储作业所进行的计划、组织、协调与控制。

仓储管理比仓库管理复杂得多。仓库管理是指物品的入库、在库、出库等环节的管理，是一种业务层面的管理。而仓储管理既包括战略层面的管理（如仓库选址与建设），又包括出入库、储存保管、分拣配货等业务层面的管理。

仓储管理包括以下几方面内容。

1. 仓库的选址与建设

即仓库选址的原则与考虑的因素、仓库的建筑面积与结构、库内平面布置与作业区域划分等。此问题属于仓储战略管理，直接关系到仓库企业未来的发展与战略优势的保持。

2. 仓库机械设备的选择与配置

即如何根据仓库作业特点和所储存物品的种类及其物理特性、化学特性、生理生化特性选择机械设备的种类及应配备的数量。恰当地选择适用于不同作业类型的仓库设施和设备将大大降低仓库作业中的人工作业劳动量，并提高物品运转的流畅性，有效保障流通过程中物品的质量。

3. 仓库业务管理

即如何组织物品的出入库、在库保管、保养等各项业务活动。

4. 仓库的库存控制管理

即如何利用新技术、新方法来实现在保证供应的前提下库存成本的有效降低，进而实现最低的物流总成本。

5. 人力资源管理

即仓储人员的招聘与后期的培训，建立、健全各岗位职责、各岗位人员配置与优化、人机系统的高效组合等。

子任务3：仓储企业组织结构形式调研

任务描述

（1）从本地选择一家以仓储为主要业务的物流企业，设计调研问卷和调研表格，进行实地调研。根据公司业务人员介绍，了解仓储企业组织机构、岗位设置情况，了解仓储企业对仓储管理人员在知识、能力及素质方面的要求和岗位人数需求，并填写下面的仓储岗位设置调查表（表1-6）。

表 1-6 仓储岗位设置调查表（参考）

小组名称：　　　　　　　　　　　　　　　　　　　　　日期：

部门名称				
岗位设置总数				
调查岗位名称	岗位人数	主要岗位职责	任职资格条件	所属部门

扫一扫

《仓储从业人员职业资质》（GB/T 21070—2007）（文本）

（2）画出企业组织结构图，分析该企业属于哪一种组织结构形式。

网络资源

机场货运网　　　　企业组织架构　　　　在线开放课程平台

知识链接

随着现代企业组织结构形式的不断演变，仓储企业的组织结构形式也不断发生变化，下面是几种典型的仓储企业组织结构形式。

一、直线制组织结构形式

直线制组织结构形式是一个上级直接管理多个下级的一种组织结构形式，如图 1-5 所示。

优点：从上到下垂直领导，不设行政职能部门，组织精简，指令传达迅速，责任权限明确，仓储企业主管的管理意图得到充分执行。

缺点：管理中的各种决策易受管理者自身能力的限制，对管理者的要求较全面，在业务量大、作业复杂的情况下，仓储企业主管会感到压力太大，力不从心。

因此，这种组织结构形式适合于仓库规模小、人员不多、业务简单的小型仓储企业。

图1-5　直线制组织结构形式

扫一扫

仓库管理员（微课）

二、直线职能制组织结构形式

直线职能制组织结构形式是在直线制的基础上加上职能部门，各职能部门分管不同专业，这些职能结构都是某种职能的组合体，如图1-6。

优点：克服了直线制组织结构形式中管理者的精力和工作时间有限的缺点。

缺点：各职能部门之间有时会发生矛盾，因此要密切配合。

这种组织结构形式被大中型仓储企业普遍采用，是一种较有效的形式。

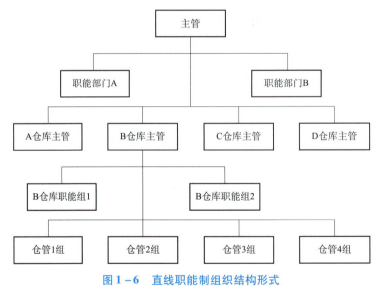

图1-6　直线职能制组织结构形式

三、事业部制组织结构形式

事业部制组织结构形式是一种较为复杂的仓储组织结构形式，如图1-7所示。它是在总公司领导下，以某项职能（或某项目）为事业部，实行统一管理、分散经营的管理方法。

优点：管理决策程序完善，运行效率高，各事业部内部管理权力相对集中，有独立经营管理能力。

这种组织结构形式适合大型仓储企业。

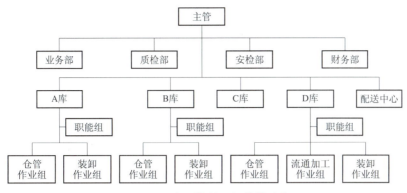

图 1-7 事业部制组织结构形式

问题思考与研讨

分析我国仓储业的发展现状与趋势。

能力训练

某仓储企业基本情况介绍

列举我国以仓储为主要业务的物流企业，不少于 5 家，选择其一制作 PPT 对企业情况进行详细介绍，具体包括仓库位置、规模、设备、主要业务、存放物品、岗位分工等。

任务一检测单

自我检测

检测题目：学银在线巩固提升测验题

小组检测

检测题目：某仓储企业基本情况介绍
检测要求：以小组为单位，形成PPT报告，课堂进行汇报
检测标准：1. 团队合作（5分）；2. 紧扣题目（10分）；3. 内容完整（15分）
小组互评：_____
_____
_____

教师检测

检测标准：1. 团队合作（10分）；2. 解释有理有据（10分）；3. 汇报清楚（10分）
教师点评：_____
_____
_____

检测评分

自我检测（40分）	同步测验（40分）		
小组检测（30分）	团队合作（5分）	紧扣题目（10分）	内容完整（15分）
教师检测（30分）	标准1. 团队合作（10分）		
	标准2. 解释有理有据（10分）		
	标准3. 汇报清楚（10分）		
满分（100分）			

个人反思

任务二　认识仓库类型

任务导入

西安灞桥物流园

A栋平库，外置式月台宽4m，高1.3m，雨棚宽6m，防火等级为丙二类，建筑结构为钢混结构。

一楼冷库层高9.5m，承重$3.0t/m^2$，防火隔区面积$4\,000m^2$，地坪材质为耐磨金刚砂（防滑、防潮、防尘）。

配套设施有办公室、停车场、宿舍、食堂，园区门共2个，门尺寸12m×12m，园区最大可进车型17.5m，适合存放品类有大家电及配件、小家电及配件、3C产品、家居及日用品、服装鞋帽、食品及保健品、酒水饮料、办公文体用品、图书音像制品、汽车及配件用品、家具及建材、五金配件，可提供租赁仓配服务。

西安杨陵冷库气调库

项目占地170亩，冷库60间，每间库容约150t，$120m^2$，$800m^3$，有冷库和气调库两种，平库层高8.0m，承重$3.0t/m^2$，地坪材质为耐磨金刚砂（防滑、防潮、防尘），防火等级为戊类，可存放果蔬、医药产品、花卉等商品。

广州市途胜物流有限公司

具有专业的2、3、4、5、6、8、9类及化学品废物、桶装危险化学品、吨桶或袋装危险品运输资质，具备专业的甲、乙、丙类危险品仓储，专业危险品运输，专业危化品物流能力，集货运代理、报关、运输、仓储（普货）、配送、分拣、包装加工等为一体。甲类危险品仓库$500m^2$，乙类危险品仓库$750m^2$，丙类危险品仓库$750m^2$，能为客户提供危险品运输、仓库租赁一条龙服务。

分析上述仓库的类型，你了解这些它们的特点吗？

课前检测：学银在线新手上路测验题

任务描述

请结合下列企业情况分析仓库的种类。

（1）中储发展股份有限公司有露天货场350万平方米，库房200万平方米，铁路专用线78条达7 500米，起重运输设备近千台，年吞吐能力600多万吨，居国内仓储行业龙头地位。

课堂笔记

扫一扫

各种仓库
（图片）

（2）2015年1月15日，淮安物流配送中心建成投入使用。该项目占地面积426亩，涵盖了多温层、全品类、多业态的配送功能。一期仓库共设2.8万个储货位，能容纳1.5万种单品，年配送总量达100亿元，堪称巨无霸级物流中心。

（3）无锡圣马危险化学品仓储公司占地面积2 781m²，拥有甲类仓库1 650m²、乙类仓库300m²、丙类仓库2 400m²，经无锡市安监局批准，可以存放的危险品达155种。

（4）如皋粮食储备库库区占地面积88 586m²，总建筑面积41 434m²。现有10幢20个高大平房仓，仓容50 000t，立筒仓6座，仓容20 000t，周转仓仓容10 000t，总仓容8万吨。融办公、结算、军供、粮质检测、信息管理于一体的综合大楼近5 000m²；拥有300m长的千吨级的内港池码头，可容纳4艘10001级的船只同时装卸；有2台固定式吊机和1台移动式吊机，有20 000m²的码头场地，设置100t和30t级的电子汽车衡各1座，便于汽车运输计量作业。

（5）扬子江药业集团有限公司建立了自动化立体仓库，储存量大、自动化程度高、质量保证措施好、安全系数高，温度保持在20℃以下，湿度40%~50%。

（6）京东物流2019年12月投入使用的东莞"亚洲一号"是亚洲规模最大的一体化智能物流中心，它的智能化、自动化程度十分高。它集自动入库、存货、打包、分拣、出库等全流程作业于一体，同时配备现代化生活配套设施。"亚洲一号"物流港的吞吐量十分惊人，建筑面积近500 000m²，单日订单处理能力达到160万单，自动立体仓库可同时存储超过2 000万件商品。

网络资源

通用仓库等级

（GB/T 21072—2007）

中华人民共和国海关对出口监管
仓库及所存货物的管理办法

知识链接

一、仓库的含义

仓库是保管和存放货物的建筑物和场所的总称，也是对货物进行集中、整理、保管和分发等作业活动的场所。从传统的角度来看，仓库是物流系统中以储存为主要功能的静态节点，过去大多数仓库都是企业内部自有的。

延伸和扩展后的仓库<u>不但具有保管和储存的功能，同时还承担起货物的采购、检验、分类、分拣和配送等一系列的业务活动</u>。现代仓库中的货物不再是静态不动的，而是有流动性的；仓库的储存过程不再被简单地认为是增加货物保管成本的过程。相反，经过集中配送、缩短对客户需求的反应速度及通过包装或者再加工等环节，仓库存储赋予了货物更多的附加价值。

二、仓库的分类

仓库的种类有很多，根据不同的分类标准，可以将仓库分为不同的类型。仓库的类型既与仓库承担的任务和所处的地位相关，又与储存货物的种类、规格及性能有关。

（一）按使用范围分类

1. 自用仓库

自用仓库是指生产或流通企业为本企业经营需要而修建的附属仓库，完全用于储存本企业的原材料、燃料、产成品等货物。

扫一扫

仓库的分类
（微课）

2. 营业仓库

营业仓库是一些企业专门为了经营储运业务而修建的仓库。

3. 公用仓库

公用仓库是由国家或某个主管部门修建的为社会服务的仓库，如机场、港口、铁路的货场、库房等仓库。

扫一扫

深圳赛格储运有限公司保税仓库（案例）

4. 出口监管仓库

出口监管仓库是指经海关批准设立，对已办结海关出口手续的货物进行存储、保税物流配送、提供流通性增值服务的海关专用监管仓库。

5. 保税仓库

保税仓库是经海关批准，在海关监管下专供存放未办理关税手续而入境或过境货物的场所。

（二）按保管物品种类分类

1. 综合库

综合库指用于存放多种不同属性物品的仓库，如图 1-8 所示。

图 1-8　综合库

2. 专业库

专业库指用于存放一种或某一大类物品的仓库，如图1-9所示。

（a）酒库

（b）原糖库

（c）粮库图

图1-9 专业库

（三）按保管条件分类

1. 普通仓库

普通仓库指常温条件下存放普通货物的仓库，这类仓库最为常见。

2. 保温、冷藏、恒湿恒温库

保温、冷藏、恒湿恒温库指用于存放要求保温、冷藏或恒湿恒温物品的仓库。这类仓库具备制冷设备，并有良好的保温隔热性能以保持物品存放所需的温度，如图1-10所示。

扫一扫
2019年全国冷库市场现状及发展趋势分析报告

图1-10 冷藏库

3. 危险品仓库

通常是指用于存放易燃、易爆、有毒、有腐蚀性或有辐射性等危险品，并能对危险品起一定的防护作用的仓库，如图1-11所示。

图1-11 危险品仓库

4. 气调仓库

气调仓库指用于存放要求控制库内氧气和二氧化碳浓度的物品的仓库。

（四）按仓库建筑封闭程度分类

1. 封闭式仓库

封闭式仓库俗称库房，如图1-12所示，封闭性强，便于对仓储物品进行维护保养，适于存放保管要求比较高的物品。

图1-12 库房（封闭式仓库）

2. 半封闭式仓库

半封闭式仓库俗称货棚，如图1-13所示，其保管条件不如库房，但出入库作业比较方便，建造成本较低，主要用于存放对温湿度要求不高且出入库频繁的物品。

货棚根据其围墙建筑情况，可以分为敞棚（仅由支柱和棚顶构成）和半敞棚（有一面墙、二面墙和三面墙之分）。

试一试

列举普通货物、冷藏货物、危险货物和需要气调仓库存储的货物各三种。

扫一扫

气调仓库（文本）

想一想

气调仓库是怎样延长果蔬物品储存期的？

图 1-13　货棚（半封闭式仓库）

3. 露天式仓库

露天式仓库俗称货场，如图 1-14 所示，其最大的特点是装卸作业极其方便，适宜存放不怕雨淋、风吹日晒的大型物品。一般用于堆存短期存放的、对环境要求不太高的货物。

图 1-14　货场（露天式仓库）

（五）按建筑结构分类

1. 平房仓库

平房仓库构造比较简单，建筑费用便宜，人工操作比较方便。

2. 楼房仓库

楼房仓库是指二层楼以上的仓库，它可以减少土地占用面积。物品上下移动作业复杂，进出库作业可采用机械化或半机械化，楼房隔层间可依靠垂直运输机联系，也可以坡道相连。

3. 高层货架仓库

高层货架仓库（图 1-15），建筑物本身是平房结构，但高层棚的顶很高，内部设施层数多，可保管 10 层以上托盘。在作业方面，高层货架仓库主要使用电子计算

> 查一查
> 请大家利用网络查询苏宁云仓和京东无人仓的作业情况。

图 1-15　高层货架仓库（无人仓库）

机控制，堆垛机、吊机等装卸机械自动运转，能实现机械化和自动化操作，也称自动化仓库或无人仓库。

4. 罐式仓库

罐式仓库构造特殊，呈球形或柱形，主要用来储存石油、天然气和液体化工品等，如图1-16所示。

图1-16 罐式仓库

5. 简易仓库

简易仓库构造简单、造价低廉，一般是在仓库不足而又不能及时建库的情况下采用的临时代用办法，包括一些固定或活动的简易货棚等。

（六）按库内形态分类

1. 地面型仓库

地面型仓库（图1-17）一般指单层地面库，多使用非货架型的保管设备。

图1-17 地面型仓库

2. 货架型仓库

货架型仓库（图1-18）指采用货架保管货物的仓库。物品放在货架上或通过托盘放在货架上。货架有多种不同类型，可根据物品的特性不同选择适宜的货架。

图1-18 货架型仓库

3. 自动化立体库

扫一扫
自动化立体库
（微课）

自动化立体库（图1-19）是指出入库采用运送机械取出存放，用堆垛机等设备进行机械化、自动化作业的高层货架仓库。自动化立体仓库的入库、检验、分类整理、上货入架、出库等作业由计算机管理控制的设备来完成，与普通仓库相比优点在于：

（1）节省人力，大大降低了劳动强度，能准确、迅速地完成出入库作业。
（2）提高了储存空间的利用效率。
（3）确保了库存作业的安全性，减少了货损货差。
（4）能及时了解库存品种、数量、金额、位置、出入库时间等信息。

自动化立体仓库的使用要有足够的资金作为保障，同时对库存物品包装标准化、体积和重量都有较高的要求。

扫一扫
京东智慧仓库
（视频）

图1-19 自动化立体库

小贴士

海尔黄岛立体库长120m、宽60m，仓储面积5 400m²，立体库有9 168个标准托盘位，托盘是1.2m×1m的；立体库的建筑高度是16m，放货的高度可到12.8m，每天进出的托盘实际达到1 600个。

（七）按仓库功能分类

现代物流管理力求进货与发货同期化，使仓库管理从静态管理转变为动态管理，仓库功能也随之改变。

1. 集货中心

将零星货物集中成批量货物称为集货。集货中心可设在生产点数量很多、每个生产点产量有限的地区。只要这一地区某些产品的总产量达到一定水平，就可以设置这种有集货作用的物流据点。

2. 分货中心

将大批量运到的货物分成批量较小的货物称为分货。分货中心是主要从事分货工作的物流据点。企业可以采用大规模包装、集装货散装的方式将货物运到分货中心，然后按企业生产或销售的需要进行分装。利用分货中心可以降低运输费用。

3. 转运中心

转运中心的主要工作是承担货物在不同运输方式间的转运。转运中心可以进行卡车和火车两种运输方式的转运,也可进行多种运输方式的转运,有的称为卡车转运中心,有的称为火车转运中心,还有的称为综合转运中心。

4. 加工中心

加工中心的主要工作是进行流通加工。设置在供应地的加工中心主要进行以物流为主要目的的加工;设置在消费地的加工中心主要进行以实现销售、强化服务为主要目的的加工。

5. 储调中心

储调中心以储备为主要工作内容,其功能与传统仓库基本一致。

6. 配送中心

配送中心是从事配送业务且具有完善信息网络的场所或组织,它基本符合下列要求:

(1) 主要为特定客户或末端客户提供服务。
(2) 配送功能健全。
(3) 辐射范围小。
(4) 提供高频率、小批量、多批次配送服务。

7. 物流中心

物流中心是从事物流活动且具有完善信息网络的场所或组织,它基本符合下列要求:

(1) 主要面向社会提供公共物流服务。
(2) 物流功能健全。
(3) 聚焦辐射范围大。
(4) 存储、吞吐能力强。
(5) 对下游配送中心客户提供物流服务。

问题思考与研讨

随着信息化和自动化,仓库业务操作的从业人员将越来越少,面对新的挑战,你将如何进行职业规划?

_____
_____
_____
_____
_____
_____
_____

能力训练

某危险品仓库/封闭式仓库/自动化仓库/配送中心/物流中心介绍

实地调研或通过网络调研不同类型的仓库，搜集整理各种仓库的图片，选择一种类型的仓库制作 PPT 进行详细介绍，具体包括仓库类型、结构特点、储存条件、典型仓库举例等。

任务二检测单

自我检测

检测题目：学银在线巩固提升测验题

小组检测

检测题目：某危险品仓库/封闭式仓库/自动化仓库/配送中心/物流中心介绍
检测要求：以小组为单位，形成 PPT 报告，课堂进行汇报
检测标准：1. 团队合作（5 分）；2. 图文结合（10 分）；3. 讲解清楚（15 分）
小组互评：

教师检测

检测标准：1. 团队合作（10 分）；2. 图文结合（10 分）；3. 汇报全面（10 分）
教师点评：

检测评分

自我检测 （40分）	同步测验（40分）		
小组检测 （30分）	团队合作（5分）	图文结合（10分）	讲解清楚（15分）
教师检测 （30分）	标准1. 团队合作（10分）		
	标准2. 图文结合（10分）		
	标准3. 汇报全面（10分）		
满分 （100分）			

个人反思

任务三　仓库布局与规划

任务导入

陕西未央区凤城七路物流园仓库

该仓库距西安市中心16km，距北二环4km，距三环入口1.5km，交通便利。园区占地面积127亩，建筑总面积43 000m²，其中高台货柜仓库33 486m²，综合服务楼7 346m²，辅助作业区2 100m²，停车场6 000m²。库高10m，跨度81m，主作业区道路宽42m，可容纳40辆16m长的大型货运车辆同时作业。装备有专业物流管理信息系统、安全监控系统、高位货架、进口叉车、搬运车等先进作业设备，年处理商品能力4 500万件。园区集成了现代物流理念和40多年物流运作经验，具备辐射西北各省区的物流干线、支线配送网络和运作能力，可提供储存、配送、流通加工以及包装、咨询等全方位物流服务，是西安最大和设备最全最完备的物流平台。

某中小企业自营仓库布局规划

X公司仓库面积约1 500m²，东西走向，门朝西。仓库以前主要用来存储产成品和耗材，保管一些需要特殊存储条件的物资，同时也负责维修、电热加工和产品演示的工作。仓库工作人员包括主管、行政文员、叉车司机、货车司机、相关技师和工人共 8 人。仓库配备 3t 平衡重式叉车，10t 双梁行车式起重机和各种手动叉车。大宗部件和整托盘装卸搬运工作以机械为主，零散式按订单配货和流通加工等以人工为主。

公司准备在仓库新增加一个机器人焊接项目，包括机器人焊接系统和机器人工作站两个部分。项目成员包括主管、电气自动化技术员、相关技师和工人共 7 人。经过对基本资料的分析，预算机器人项目所需要的面积，确定仓库内部有足够的空间可以承担新项目的迁入。

随着前期准备工作的结束和后续工作的开始，仓库工作人员腾挪出足够的区域供机器人项目入驻。经过初步的磨合，很快发现了一些问题。首先面临的问题是人员行走路线交叉错乱。新项目的主要工作是装配加工调试，与仓库原本工作的交集很少，然而两个部门人员的工作路线却交错混乱，繁忙时经常挨肩擦背。其次，物流通道和存储库位流通不畅。在机器人项目入驻之前，仓库空间相对比较宽裕，因此乱堆乱放现象很普遍，还有很多未经处理的废弃物料占据大量空间。机器人项目入驻之后，以前的不良习惯导致了严重的后果，原本规划好的合理位置放不进去东西，而在不合理的位置货物却堆积如山。最后，仓库内部现场很混乱。机器人项目处于最初的筹备阶段，正在布置电力和电源，而工作人员经常拖着设备踩轧电源线，存在着很严重的安全隐患。不合理的堆放导致局部地区的货物已经接近最高限度，尤其是一些工业包装为圆柱体的焊接耗材，一旦摆放不正而错位倒塌，将会造成无法挽回的后果。

因此，对整个仓库内部空间进行重新规划布局的任务迫在眉睫。

课前检测：学银在线新手上路测验题

> 课堂笔记

子任务 1：仓储功能区域划分与动线设计

任务描述

任务 1：某公司新建原材料仓库和厂房，其设计如图 1-20 所示。

图 1-20 设计布局

图中，收货月台和发货月台的大小均为 100m×30m，仓库大小为 100m×250m，道路长度为 400m，工厂大小为 100m×300m，工厂发货平台到工厂内最短的送货距离为430m，最长送货距离为650m，工厂生产采用JIT生产方式，即仓库送货采用高频率小批量的送货方式。根据以上信息，请回答下列问题：

（1）该仓库设计采用了哪种布局形式？

（2）你认为从收货、发货到最后给工厂送货的这种布局方式是否合理？请说明理由。如果不合理，请画出合理的布局图，包含各功能分区的安排，并标明货物的流动方向，同时请说明新布局中仓库设计采用了哪种布局形式。

备注：在进行新的布局设计时，假设空间足够，可以随意设计。

任务2：众物智联物流与供应链集团现根据业务发展需要，拟计划在南京江宁区新建一分拨中心，分拨中心支持干线到货、南京市区的配送点配送以及镇江、扬州等地区的分拨任务，日均分拣量为4 000单，现租用某家汽车配件供应商的仓库园区，总部计划将该分拨中心的日均分拣量提升至10 000单（员工数量达140人）。根据南京江宁仓的平面图，结合需求，完成空间规划和动线设计。仓库的平面结构如图1-21所示。

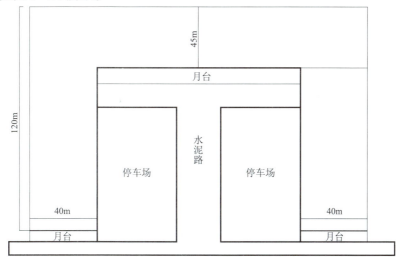

图1-21 仓库的平面结构

假设你作为众物智联物流与供应链集团南京江宁仓的仓库主管王顺利，你该如何根据现有场地并结合业务需求进行功能区域的划分？如何设计物流动线？

网络资源

仓库布局

物联云仓

任务实施

一、确认固定设施

首先,需要根据现有的仓库情况,对该仓库规划设计的相关要素进行确认并将情况记录在表1-7设施确认表中,以确定功能区域规划的约束条件。

表1-7 设施确认表

数量	项目	明细名称	规格
	仓库门		
	柱跨度		
	天花板净高		
	地面负荷承重		
	消防设施		
	温度控制范围		
	排水系统		
	码头墙体窗口		

二、确认固定区域

固定设施和固定区域一旦确定后难以改变,所以在进行具体功能区域划分之前,需要提前合理地设置固定区域的位置和面积。请将固定区域和设施的规划情况填入表1-8中。

表1-8 固定区域和设施规划表

固定区域	功能需求	面积	规格	位置
办公室				
员工休息室				
公共设施				
防火设施				
堆高机充电				
维修站				
打包机				

> 读一读
> 根据仓库中各区域的主要用途,可以将仓库分为生产作业区、辅助生产区和行政生活区三大部分。

三、分析仓库业务流程

在进行仓库布置之前,首先要进行仓库业务流程的分析,根据该仓库的业务需要及流程对功能区域进行划分,所设计的区域包括进货月台区、入库验收区、入库暂存区、储存区、办公区、拣货区、流通加工区、出货复核区、出货月台区和返品处理区等(表1-9)。

表1-9 仓库功能区域表

作业主流程	作业子流程	主要涉及区域
进货入库	预收货	进货月台区
	卸货	进货月台区
	验收	入库验收区
	入库上架	入库暂存区
货品保管	盘点	储存区
	库存安全	储存区
库存分配	接单	办公区
	库存分配	办公区
补货和拣货	补货	拣货区和储存区
	拣选	拣货区
流通加工	包装	流通加工区
	标示	流通加工区
出货作业	复核	出库复核区
	合流	出货暂存区
	点货上车	出货月台区
返品作业	返品处理	返品处理区

四、分析并设计区域动线

确定了仓库需要哪些区域后，接着就要确定这些区域分布的相对位置，因为各区域功能已定，所以可以通过库内的动线规划确定各区域的位置。动线优化遵循的基本原则是"不迂回、不交叉"。在对该仓库的动线进行设计时，主要需考虑两个方面：①根据整体进出库的特性来选择动线类型；②行走路径最小的原则。

1. 定义高频率和低频率作业区

收货和货物上架、货物拣取、货物分拣、装车出货等高频率作业区通常设置在与收货口和出货口相邻的位置，并且要与储存区比较接近。

处理空托盘、处理退货或者调拨商品回储存区、处理剩余商品、商品隔离、商品储存维护、贴标签、包装、休息室等一般处于低频率作业区域。通常低频率作业区与出货区距离较远。

2. 确定主通道位置

确定主通道位置，应主要考虑作业的主要动线和搬运设备的最小转弯半径，宜将作业动线直线化和最短化。

3. 选择合适的动线类型

结合以上几点内容，最终确定动线类型和各功能区域位置所在，画出仓库平面布置图。

想一想
在仓库管理中我们怎样确定高频率和低频率作业区呢？

扫一扫

仓库布局（图片）
思考：各功能分区的作用与位置关系。

知识链接

仓库布局规划就是根据物流作业量和物流动线，确定各功能区域的面积和各功能区域的相对位置，最后得到仓库的平面布置图。

一、影响仓库平面布置的因素

1. 仓库的专业化程度

仓库的专业化程度主要与库存物品的种类有关。库存物品种类越多，仓库的专业化程度越低，仓库平面布置的难度越大；反之则难度越小。因为储存物品种类越多，各种物品的理化性质有所不同，所要求的储存保管保养方法及装卸搬运方法也将有所不同，因此，在进行仓库平面布置时，必须考虑不同的作业要求。

2. 仓库的规模和功能

仓储的规模越大、功能越多，需要的设施设备就越多，设施设备之间的配套衔接就成为平面布置中的重要问题，从而增加了布置的难度。

二、仓库平面布置的要求

仓库平面布置要适应仓储作业过程的要求，要有利于仓储作业的顺利进行。

（1）物品流向应该是单一流向。仓库内物品的卸车、验收存放地点之间的安排要适应仓储生产需要，按一个方向流动。

（2）最短的搬运距离。根据作业方式、仓储物品品种、地理条件等合理安排库房、专用线与主干道的相对位置，尽量减少迂回运输。

（3）最少的装卸环节。减少在库物品的装卸搬运次数，物品的卸车、验收、堆码作业最好一次完成。

（4）最大限度地利用空间。仓库平面布置是立体设计，应有利于物品的合理储存和充分利用库容。

仓库平面布置要有利于提高仓储经济效益。要因地制宜，充分考虑地形、地质条件，利用现有资源和外部协作条件，根据设计规划和库存物品的性质更好地选择和配置设施设备，以便最大限度发挥其效能。

仓库平面布置要有利于保证安全和职工的健康。仓库建设时应严格执行GB 50016—2014《建筑设计防火规范》的规定，留有一定的防火间距，并有防火防盗安全设施；作业环境的安全卫生标准要符合国家的有关规定，有利于职工的身体健康。

> **想一想**
> 根据仓库功能区域划分，装卸站台在哪个作业区域呢？

三、单层仓库平面布置原则

（1）重、大件物品以及周转量大和出入库频繁的物品宜靠近出入口布置，以缩短搬运距离，提高出入库效率。

（2）易燃的物品应尽量靠外面布置，以便管理。

（3）要考虑充分利用面积和空间，使布置紧凑。

（4）有吊车的仓库，汽车入库的运输通道最好布置在仓库的横向方向，以减少辅助面积，提高面积利用率。

（5）仓库内部主要运输通道一般采用双行道。

（6）仓库出入口附近一般应留有收发作业用的区域。

（7）仓库内设置管理室及生活间时，应该用墙将其与库房隔开，其位置应靠近道路一侧的入口处。

四、仓库动线规划

仓库动线是指由人或物在仓库内移动形成的一系列的点连接而成的线。如拣货员由拣货设备存放区至某个拣货储位，再到其他储位，最后至复核区，这一系列的行动点构成的线即为拣货动线。

1. 按出货频率规划

仓库动线的规划通常先要考虑仓库物品的出货频率高低，而有效快速控管仓库物品最常用的方法是 ABC 分类法。ABC 分类法是按照销售量、缺货成本、周转次数、供应商的稳定性、库存风险成本等指标来分类。例如：将出货频率高的货品存放在接近出入口处，出货频率低的货品存放在远离出入口处，以缩短出入库搬运距离，减少所需的作业时间和物流成本，有效提高仓库的利用率。

2. 按搬运难易程度规划

在仓库布局时，常常需要考虑货品的搬运难易程度来设计合理的动线。需要考虑体积、形状、重量单位的大小，以确定货品所需堆码的空间。通常，重而大的货品保管在地面上或货架的下层位置，越轻的货品可以储放在越上层的货架。为了货架的安全并方便人工搬运，人的腰部以下的位置通常宜储放重物或大型货品，而体积小或重量轻的货品则可堆存在较远或较高储区。因此，仓库管理基本思路中，会将重量重、体积大的货物储存于坚固并接近出库区或易于移动的位置，由此可缩短拣货时间和搬运路径，并简化清点工作。

五、仓库动线类型

动线优化遵循的基本原则是不迂回、不交叉。不迂回的目的是防止无效搬运，不交叉的目的是避免动线冲突，给搬运带来安全隐患。为了使动线设计最优化，需要根据行走距离最小原则进行精细计算，但设计中常常受限于缺乏真实数据来源。因此，实际操作中往往根据整体进出货的特性来选择合适的动线类型。常见的动线类型有 U 形、L 形、I 形和 S 形 4 种。

1. U 形动线

U 形动线：进货区和出货区设置在仓库的同一侧，如图 1-22 所示。货物由"进—存—出"形成了一个类似倒 U 字形的移动路线。在传统仓储中，经常会将入库月台和出库月台合并为进出库月台，作为货物进出作业供应，也属于 U 形动线。

遵循 U 形动线的仓库各功能区的运作范围经常重叠，交叉点也比较多，容易降低运作效率。另外，由于进出仓库的货物在同一月台上进行收发，也容易造成混淆，特别是在繁忙时段及处理类似货物的情况下。解决的方法是可以组建不同小组，分别负责货物进出。

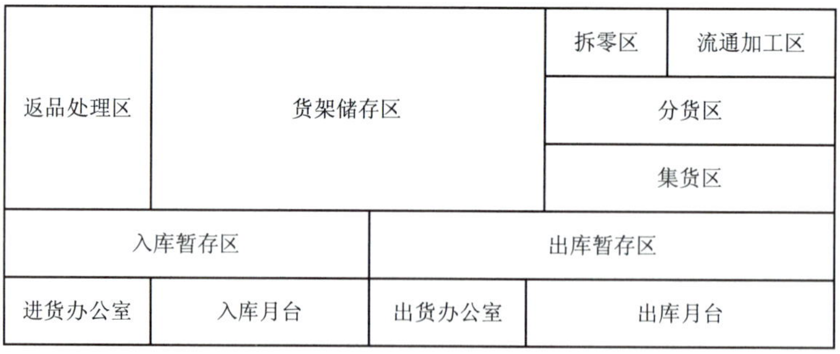

返品处理区	货架储存区	拆零区	流通加工区
		分货区	
		集货区	
入库暂存区		出库暂存区	
进货办公室	入库月台	出货办公室	出库月台

图1-22　U形动线

由于U形动线的出、入库月台集中在同一边，因此只需在配送中心其中一边预留货车停泊及装卸货车道，这样一方面可以更有效利用配送中心外围空间，另一方面也可以集中月台管理，减少月台监管人员。在土地少而人工成本高的情况下，采用U形动线的配送中心是很常见的。

U形动线主要特点：
（1）月台资源能综合利用。
（2）适合越库作业。
（3）使用同一车道供车辆出入。
（4）易于控制货物安全。

2. L形动线

L形动线货物的进货区和出货区设置在仓库相邻的两侧，如图1-23所示。货物由"进—存—出"形成一个L字形的移动路线。需要快速处理货物的配送中心通常会采用L形动线，把货物出入配送中心的途径缩至最短，货物流向呈L形。

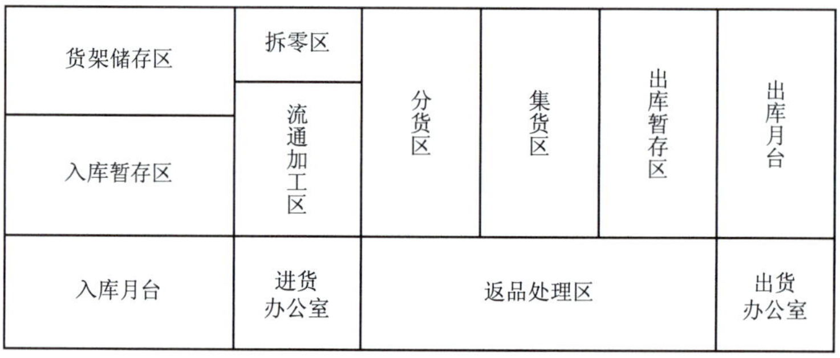

货架储存区	拆零区	分货区	集货区	出库暂存区	出库月台
入库暂存区	流通加工区				
入库月台	进货办公室	返品处理区			出货办公室

图1-23　L形动线

L形动线主要特点：
（1）可以应对进出货高峰同时发生的情况。
（2）适合有库存和无库存同时并存的配送作业。
（3）可同时处理高频率和低频率的货品。
（4）适用于流通加工中心。

3. I形动线

I形动线货物的出货区和进货区设置在仓库相对的两侧，如图1-24所示。货物由"进—存—出"形成了一个类似 I 字形的移动路线。由于 I 形配送中心的运作流向是呈直线型的,各运作动线平行进行,因此无论是人流或是物流,相互碰撞交叉点相对来说是最少的,可降低操作人员和物流搬运车相撞的可能性。

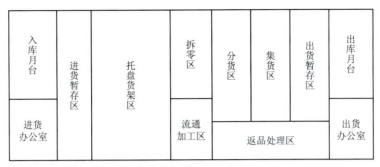

图 1-24　I 形动线

I 形配送中心存在的最大问题是出、入库月台相距甚远,增加货物的整体运输路线,降低效率,但是由于直线型的流程较为简单,操作人员比较容易适应,可以弥补该方面的不足。此外,由于出、入库月台分布在配送中心的两旁,需至少两队保安负责两个月台的监管,因此增加了人力投入及运作成本。I 形配送中心特别适合一些快速流转的货物进行集装箱或是货物转运业务。

I 形动线主要特点:
(1) 可以应对进出货高峰同时发生的情况。
(2) 适用于无库存的转运中心。

在实际规划过程中,由于业务流程的复杂性,有可能将两种动线结合起来应用。例如 L 形动线和 I 形动线结合成 T 形动线等。如果仓库分为上线两层或多层,动线立体设计将更加复杂。

4. S 形动线

需要经过多步骤处理的货品一般采取此种动线,如图 1-25 所示。

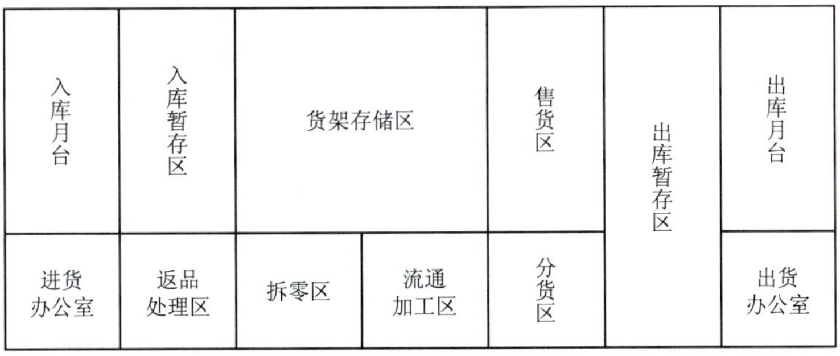

图 1-25　S 形动线

S 形动线主要特点:
(1) 可以满足多种流通加工等处理工序的需要,且在宽度不足的仓库中作业。
(2) 可与 I 形动线结合在一起使用。

子任务2：仓库储位管理

任务描述

上海国盛仓储有限公司是刚刚成立的一家新公司，公司平面图如图1-26所示。货场主要用来堆存货物，平房仓库、楼房仓库内物品堆码均为货架式，每间库房均有16排货架，每排货架有4层共24个格眼。请为该公司的货场、平房仓库、楼房仓库、货架进行编号。

要求：画出货场、货棚的货位编号图；平房仓库和楼房仓库各选择一排货架，画出货位编号图。

图1-26　仓储公司平面图

网络资源

储位管理　　　　　　SB/T 10846—2012
《物流仓库货架储位编码》

知识链接

一、仓库平面布局形式

平面布局是对保管场所内的货垛（架）、通道、垛（架）间距、收发货区等进行合理规划，并正确处理它们的相对位置。保管面积是库房使用面积的主体，它是货垛、货架所占面积的总和。货垛、货架的排列形式决定了仓库内部平面布局的形式。仓库内部平面布局一般有以下三种形式。

1. 横列式

横列式是指货位、货架或货垛与库房的宽向平行排列布置,如图 1-27 所示。

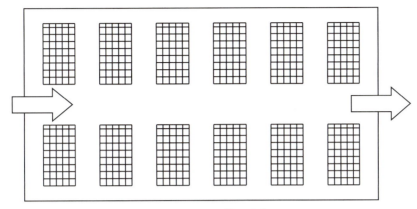

图 1-27 仓库横列式布局

其特点是：货垛整齐美观、存取查点方便、通风采光良好。但由于主通道占用面积多,仓库空间利用率较低。

2. 纵列式

纵列式是指货位、货架或货垛与库房的宽向垂直排列布置,如图 1-28 所示。

其特点是：仓库空间利用率较高,主干道货位利于存放周转期短的物品,支干道货位利于存放周转期长的物品,但不利于通风采光及机械化作业。

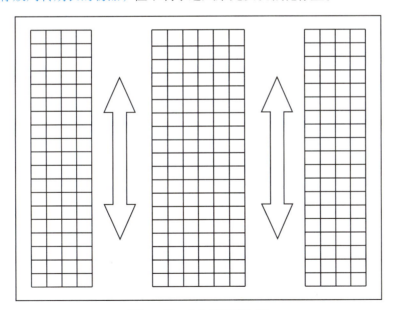

图 1-28 仓库纵列式布局

3. 混合式

混合式就是横列式和纵列式在同一库房内混合布置货位或货架的一种形式,如图 1-29 所示,兼有上述两种方式的特点。混合式是最常用的一种方式。

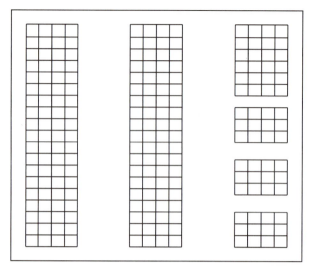

图1-29 仓库混合式布局

露天货场货位的布局形式多采取与货场的主作业通道呈垂直方向排列，以便于装卸和搬运。货位布局既要考虑操作的需要，又要考虑物品的安全。要留出一定的作业通道、垛距、墙距等，要合理、充分利用库房面积，尽量提高仓库、货场的利用率。

二、储位编号

储位编号是将库房、货场、货棚、货垛、货架按物品存放的具体位置顺序统一编列号码，并做出明显标志。在物品收发作业过程中，按照货位编号可以迅速、方便地进行查找，不但提高了作业效率，而且有利于减少差错。

1. 库房编号

把整个仓库的所有储存场所以其地面位置按顺序编号。库房的号码可统一写在库房外墙上或库门上，编号要清晰、醒目，易于查找，如图1-30所示。

图1-30 库房编号

2. 库房内货位编号

根据库内业务情况，按照库内主干道、支干道分布，划分为若干货位，按顺序以各种简明符号与数字来编制货区、货位的号码，并标于明显处，如图1-31所示。

图1-31 库房内货位编号

3. 货架上的货位编号

在收发多品种物品及进行拼装作业的仓库中，往往在一个库房内有许多货架，每个货架有许多格作为存货的货位。可先按仓库内的货架进行编号，然后再对每个货架的货位按层、位进行编号。常采用的是"四号定位"方法，即库序号、货架号、货架层号、货位号，如图1-32所示。顺序应从上到下（也有企业从下到上）、从左到右、从里到外编排。

货位编号可以用符号或数字，数字可以是1~n位。在实际应用时可以根据企业仓库的实际情况和需求来定。

> 试一试
> 考查物流实训室不同区域货位的编号规则，进行随机货位查找比赛，看谁找得又快又准。

图1-32 货架上的货位编号

4. 货场货位编号

货场货位编号有两种常见的方法：一种是在整个货场内先按排编上排号，然后再按各排货位顺序编上货位号；另一种是不分排号，直接按货位顺序编号。集装箱堆场应对每个箱位进行编号，并画出箱门和四角位置的标记。

三、储位管理策略

（1）定位储存：每一项储存货品都有固定储位，货品不能互用储位。

（2）随机储存：每一种货品被指派储存的位置都是经由随机过程产生的，而且可经常改变。

（3）分类储放：所有的储存货品按照一定特性加以分类，每一类货品都有固定储放的位置，同属一类的不同货品又按一定的法则来指派储位。分类储放通常按产品相关性、流动方式、产品尺寸和重量、产品特性来分类。

扫一扫

储位选择的考虑因素
（文本）

（4）分类随机储放：每一类货品具有固定的存储位置，但每个存储区内的储位指派是随机的。

（5）共同储放：在确定知道各货品进出仓库的具体时间的前提下，不同的货品可以共用相同储位。

四、货位布局注意事项

（1）根据货物特性分区分类储存，将特性相近的货物集中存放。

（2）将单位体积大、单位重量大的货物存放在货架底层，并且靠近出库区和通道。

（3）将周转率高的货物存放在进出库装卸搬运较便捷的位置。

（4）将同一供应商或者同一客户的货物集中存放，以便于进行分拣配货作业。

问题思考与研讨

不同储位管理方式的优缺点对比。
_____
_____
_____
_____
_____
_____

能力训练

某仓储布局设计与储位规划

规划物流园是一块长700m、宽380m的东西走向的矩形区域，以仓储业务为核心。为完善物流园的作业与配套设施建设，计划建设5个仓库：1号库为小商品库，2号、3号库为建材库，4号、5号库为家电库，并配套建设办公区、生活区、辅助作业区、停车场等区域。为保证必要的道路规划，主干道为双向四车道。要求筹备组做到园区布局合理，便于物流作业，并绘制园区总平面图。

同时，对各库房内进行布置。要求：库房布局合理，功能区完备，包括出入库理货区、托盘货架区、轻型栈板货架区、包装区、设备暂存区、现场控制区，各功能区分布满足商品作业顺序，以I形布置最佳。并对货架进行编号，以便于日常管理。

任务三检测单

自我检测

检测题目：学银在线巩固提升测验题

小组检测

检测题目：某仓储布局设计与储位规划
检测要求：以小组为单位，形成 PPT 报告，课堂进行汇报
检测标准：1. 团队合作（5分）；2. 仓库布局合理（10分）；3. 汇报内容完整（15分）
小组互评：_____
_____

教师检测

检测标准：1. 团队合作（10分）；2. 仓库布局合理（10分）；3. 储位编号恰当（10分）
教师点评：_____
_____

检测评分

自我检测（40分）	同步测验（40分）		
小组检测（30分）	团队合作（5分）	仓库布局合理（10分）	汇报内容完整（15分）
教师检测（30分）	标准1. 团队合作（10分）		
	标准2. 仓库布局合理（10分）		
	标准3. 储位编号恰当（10分）		
满分（100分）			

个人反思

任务四　仓库安全管理

任务导入

"8·12"天津滨海新区危险品特大爆炸事故

2015年8月12日是天津人民难忘的一天，物流从业人员也不应该忘记这天发生的一次特大事故。23时30分左右，位于天津市滨海新区的天津东疆保税港区瑞海国际物流有限公司危险品仓库发生火灾爆炸事故，本次事故中爆炸总能量约为450吨TNT当量。该事故造成165人遇难（包括参与救援处置的消防人员、企业员工和周边居民等），304幢建筑物、12 428辆商品汽车、7 533个集装箱损毁。截至2015年12月10日，依据《企业职工伤亡事故经济损失统计标准》等标准和规定统计，事故已核定的直接经济损失达68.66亿元。经国务院调查组认定，"8·12"天津滨海新区爆炸事故是一起特别重大生产安全责任事故。

一、事发地点

位于天津市滨海新区吉运二道95号的瑞海公司危险品仓库运抵区。

二、事件经过

2015年8月12日22时51分46秒，瑞海公司危险品仓库最先起火。

2015年8月12日23时34分06秒发生第一次爆炸，近震震级约2.3级，相当于3吨TNT引发的爆炸状况，发生爆炸的是集装箱内的易燃易爆物品。现场火光冲天，在强烈爆炸声后，高达数十米的灰白色蘑菇云瞬间腾起。随后爆炸点上空被火光染红，现场附近火焰四溅。23时34分37秒发生第二次更剧烈的爆炸，近震震级约2.9级，相当于21吨TNT引发的爆炸状况。

2015年8月13日8时，距离爆炸已有8个多小时，大火仍未完全扑灭。由于沙土掩埋，灭火需要较长时间，事故现场形成6处大火点及数十个小火点。

2015年8月14日16时40分，现场明火被扑灭。

三、事故原因

2016年2月，国家安全生产监督管理总局发布了此次事故的调查报告。报告显示，引起火灾的直接原因是包装破损导致干燥的硝化棉分解、自燃；引发后两次爆炸的主要化学品是在风险控制领域尤为重视的硝酸铵，而在起火与爆炸期间起到催化剂作用的则是数千吨本不该存放到一起的几十种具有易燃性或氧化性的危险化学品。

调查报告给出了事发前堆场爆炸核心区域内存放的主要危险化学品：48吨硝化棉；800吨硝酸铵；2 173吨易燃液体、易燃固体、遇水放出易燃气体的物质、氧化性物质；1 831 吨毒性和腐蚀性物质以及其他危险品。

调查报告列举了涉事企业瑞海公司存在的 10 项导致事故发生的问题。除去该公司违法建设和运行存在的问题外，还涉及多项风险控制不合格及违反设计操作标准的问题：

(1) 违规存放硝酸铵。
(2) 严重超负荷经营、超量存储。
(3) 违规混存、超高堆码危险货物。
(4) 违规开展拆箱、搬运、装卸等作业。
(5) 未按要求进行重大危险源登记备案。

课前检测：学银在线新手上路测验题

任务描述

仓库的货物多种多样，性质千差万别，有些货物易燃、怕水，对作业与存储环境的安全要求高，且存在着一定的被盗风险。仓储安全直接关系到企业的生存与发展，是仓储作业管理的前提条件和第一要务，也是每个仓储工作人员的基本职责。顺达公司一直十分重视仓库的安全工作，成立了由公司总经理任组长，各事业部总经理、各仓库负责人等组成的仓库安全领导小组。

仓库安全管理具体工作主要包括仓储治安管理、仓储安全作业管理、仓储消防安全管理、特殊货物管理与其他安全管理工作等。特殊货物管理则主要是对危险品、冷藏品、粮食、油品等商品的管理。

扫一扫
仓库作业事故
（视频）

任务 1：仔细观看仓库作业事故的视频，分析在此作业过程中发生了哪些危险操作。

叉车漂移侧翻、玩耍叉车（旋转）、碰撞、超载、货物散开、卸货平台坠落、货物未固定、瓶子飞散、叉车撞倒货架和叉车撞倒仓库，这些危险操作你都看到了吗？

扫一扫
仓库三大风险
（PPT）

任务 2：今收到供货商发来的入库通知单，计划到货日期为明天上午 10 点，内容如下：

品名：婴儿奶粉　　包装规格：500mm×400mm×600mm
数量：1 500 箱　　单体毛重：80kg

轻放　向上　防潮　层高

分析入库物品性质及包装上的储运指示标志，讨论在仓库入库、储存及出库作业过程中应注意哪些方面。

任务 3：某危险品运输有限公司委托顺达仓储有限公司为客户保管一批化工材料，仓储人员根据产品特性制定详细的商品保管计划，以如期完成客户需求，保证商品安全。假如你是该仓库的保管人员，在商品保管过程中应注意哪些方面？

网络资源

> 查一查
> 包装储运图示标志有哪些？在仓库作业过程中需要注意什么？

(1) GB 13495.1—2015《消防安全标志　第一部分：标志》
(2) GB 190—2009《危险货物包装标志》
(3) GB 2894—2008《安全标志及其使用导则》
(4)《危险化学品安全管理条例》(2013 修订)

知识链接

一、仓储安全作业的基本要求

仓储安全作业的基本要求包括以下两方面内容：

（一）人工作业的安全操作要求

由于人工作业方式受作业人员的身体素质、精神状况、感知能力、应急能力等多种因素的影响，因此必须做好作业人员的安全作业管理工作，具体要求如下。

1. 在合适的作业负荷条件下进行作业

人工作业现场必须排除损害作业人员身心健康的因素；对于存在潜在危险的作业环境，作业前要告知作业人员，让其了解作业环境，尽量避免作业人员身处或接近危险因素和危险位置；人工作业仅限制在轻负荷的作业，不能超负荷作业，人力搬运商品时要注意商品标重。一般来说，男性员工不得搬举超过 80kg 的商品，女性员工搬运负荷不得超过 25kg，集体搬运时每个人的负荷不得超过 40kg。

2. 尽可能采用人力机械作业

人力机械承重也应在限定的范围，如人力绞车、滑车、拖车、手推车等不超过 500kg。

3. 做好作业人员的安全防护工作

作业人员要根据作业环境和接触的商品的性质，穿戴相应的安全防护用具，携带相应的作业用具，按照规定的作业方法进行作业。不得使用自然滑动、滚动和其他野蛮作业方式。作业时注意人工与机械的配合。在机械移动作业时，人员需避开移动的商品和机械。

4. 在适合作业的安全环境下进行作业

作业前应使作业人员清楚作业的要求，让作业人员了解作业环境，指明危险因素和危险位置。

5. 作业现场必须设专人指挥和进行安全指导

安全人员要严格按照安全规范进行作业指挥；指导作业人员避开不稳定货垛的正

扫一扫
货物堆放安全

面、运行起重设备的下方等不安全位置进行作业；在作业设备调整时应暂停作业适当避让；发现作业现场存在安全隐患时应及时停止作业，消除隐患后方可恢复作业。

6. 合理安排作息时间

为保证作业人员的体力和精力，每作业一段时间应作适当的休息，如每作业 2 小时至少有 10 分钟休息时间，每作业 4 小时有 1 小时休息时间，还要合理安排吃饭、喝水等生理活动的时间。

（二）机械作业的安全要求

机械作业的安全管理主要是注意机械本身的状况及可能对商品造成的损害，具体要求如下。

1. 在机械设备设计负荷许可的范围内作业

作业机械设备不得超负荷作业；危险品作业时还需减低负荷 25% 作业；所使用的设备应无损坏，设备的承重机件更应无损坏、符合使用的要求，不得使用运行状况不好的机械设备作业。

扫一扫
叉车作业安全

2. 使用合适的机械设备进行作业

尽可能采用专用设备作业或者使用专用工具。使用通用设备必须满足作业需要并进行必要的防护，如物品绑扎、限位等。

3. 设备作业要有专人进行指挥

采用规定的指挥信号，按作业规范进行作业指挥。

4. 移动设备运输物品的注意事项

叉车不得直接叉运压力容器和未包装物品；移动吊车必须在停放稳定后方可作业；移动设备在载货时需控制行驶速度，不可高速行驶；物品不能超出车辆两侧 0.2m，禁止两车共载一物；载货移动设备上不得载人运行。

二、仓库的防火防爆

仓库的防火防爆工作是仓库安全工作的重中之重，只有掌握防火防爆工作的基本原理才能避免事故发生。掌握了基本原理，即使在出险时也能采取有效措施，避免造成更大损失。

仓库防火防爆的具体措施如下。

仓库安全指示标志

1. 控制可燃物

其基本原理为破坏燃烧爆炸的基础。具体手段包括：限制可燃物储运量；仓库建筑材料尽量用不燃或难燃材料代替可燃材料；通过通风、降尘，降低可燃气体或蒸气、粉尘在空间的浓度；利用阻燃剂对可燃材料进行阻燃处理，改变材料的燃烧性能；等等。

2. 隔绝空气

其基本原理为破坏燃烧爆炸的助燃条件。具体手段包括：将可燃物品装进密闭的容器和设备中进行存放和运输；在储存和运输危险物品时，将易燃易爆物品置于充满惰性气体的容器中；采用隔绝空气等特殊方法储存和运输有燃烧爆炸危险的物品；隔离与酸、碱、氧化剂等接触能够燃烧爆炸的可燃物和还原剂；等等。

3. 消除引火源

其基本原理为破坏燃烧的激发能源。具体手段包括：仓库要消除和控制明火源；防止撞击火星和控制摩擦生热；防止电气火花的产生，危险品库里的电灯要安装防爆灯；防止日光照射和聚光作用，仓库要安装防止阳光照射的装置，如百叶窗，不要安装凸透镜；防止和控制高温物体作用，要关注仓库温度，对高温物体要做好监控；等等。

4. 阻止火势蔓延

仓库消防标志及位置摆放

其基本原理为不使新的燃烧条件形成，防止扩大火势。具体手段包括：存放的物品之间要留足防火间距、在仓库设置防火分隔带；仓库要设置阻火器、安全液封；有压力的容器设备、安装防爆膜（片）、安全阀，防止失火时发生爆炸；内部能形成爆炸介质的建筑设置泄压门窗、轻质屋盖；等等。

另外，对于占地面积大于 1 000m^2 的棉、毛、丝、麻、化纤、毛皮及其制品的仓库和占地面积大于 600m^2 的火柴仓库，邮政楼中建筑面积大于 500m^2 的空邮袋库，建筑面积大于 500m^2 的可燃物品地下仓库以及二类可燃物品库房，应采用自动喷水灭火系统。

三、常见储存物品灭火须知

仓库消防安全工作是仓库管理的重要工作之一，一旦不慎发生火灾不要惊慌，要冷静地根据仓库库存物品，选择适宜的消防器材灭火。若选择灭火器材不合适，有可能使火灾扩大化，也有可能造成货物损坏，人为地扩大损失。常见储存物品的灭火方式如表 1-10 所示，常用消防栓和灭火器的使用方法如图 1-33 所示。

查一查
请借助网络查一查安全标志的相关法规。

表 1-10 常见储存物品的灭火方式

储存物品	应选用灭火方式	不可选用的灭火方式
纸张	干粉灭火器	水
木材	水、泡沫灭火器	
家电	干粉灭火器	水
精密仪器	二氧化碳灭火器	水
包装食品	水、泡沫灭火器	
酒	干粉、泡沫灭火器（首先开启开放水雨淋喷洒系统）	用水并站在离货源较近的地方
油	泡沫灭火器	水
棉花	水	干粉灭火器
油漆	泡沫灭火器	水
粮食	水	干粉灭火器
金属材料	干粉灭火器	水

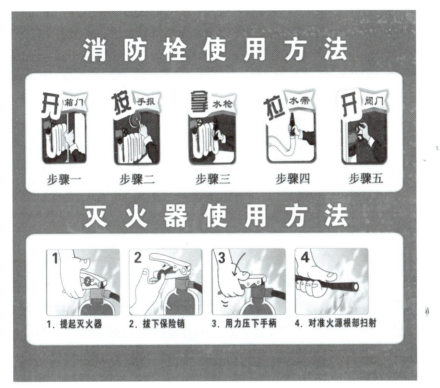

图 1-33　常用消防栓和灭火器的使用方法

小任务

现在某处着火了,请你帮忙报警,你该怎么办?

提示:

(1) 记清火警电话是 119。在没有电话或没有消防队的地方如农村和边远地区,可以敲锣、吹哨、喊话,向周围报警,动员乡邻一起来灭火。

(2) 报警时要讲清着火单位、所在区街道、胡同、门牌。

(3) 讲清报警人姓名、电话号码和住址。

(4) 说明什么东西着火,火势怎样。

(5) 报警后要安排人到主要路口等候,引导消防车去火场。

(6) 遇有火灾,不要围观消防车。这既有碍于消防人员工作,也不利于大家的安全。

(7) 不能乱打火警电话,谎报火警是扰乱公共秩序、妨碍公共安全的违法行为。如发现有人谎报火警,要加以制止。

问题思考与研讨

仓库安全标志有哪些类别?

能力训练

请大家不看文字,看看能从下图中直接认出多少图标,并试着制定某普通仓库的安全操作规程。

A6537　A6538　A6539　A6540　A6541　A6542　A6543

A6544　A6545　A6546　A6547　A6548　A6549　A6550
　　　　　　　　　　　　　　　125*125VV　125*125VV　125*125VV
　　　　　　　　　　　　　　　250*250VV　250*250VV　250*250VV

A6551　A6552　A6553　A6554　A6555　A6556　A6557
125*125VV　125*125VV　125*125VV
250*250VV　250*250VV　250*250VV

A6558　A6559　A6560　A6561　A6562　A6563　A6564

任务四检测单

自我检测

检测题目：学银在线巩固提升测验题

小组检测

检测题目：普通仓库的安全操作规程
检测要求：以小组为单位，形成 PPT 报告，课堂进行汇报
检测标准：1. 团队合作（5 分）；2. 内容全面（10 分）；3. 讲解清楚（15 分）
小组互评：_____
_____

教师检测

检测标准：1. 团队合作（10 分）；2. 内容全面（10 分）；3. 汇报思路清晰（10 分）
教师点评：_____
_____

检测评分

自我检测（40 分）	同步测验（40 分）		
小组检测（30 分）	团队合作（5 分）	内容全面（10 分）	讲解清楚（15 分）
教师检测（30 分）	标准1. 团队合作（10 分）		
	标准2. 内容全面（10 分）		
	标准3. 汇报思路清晰（10 分）		
满分（100 分）			

个人反思

改错	重点内容回顾

小结

项目二
仓储商务管理

【学习目标】

- **知识目标**
1. 熟悉仓储合同的一般格式
2. 掌握仓储合同条款的主要内容
3. 熟悉仓储合同纠纷的主要类型和处理方式
4. 理解仓储合同的无效、变更与解除
5. 熟悉仓单的内容和仓单业务

- **技能目标**
1. 能够模拟通过洽谈完成仓储合同的签订过程
2. 能够根据《民法典》，对简单的仓储合同纠纷进行分析
3. 能够根据客户需求进行仓单签发、分割和转让业务

- **素质目标**
1. 培养诚实守信的品德
2. 培养学生一定的法律意识
3. 培养严谨的工作作风

【内容架构】

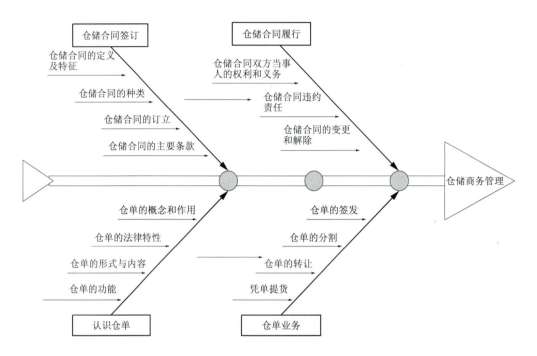

【引入案例】

一起仓储合同纠纷案

2019年6月3日,某市盛达粮油进出口有限责任公司(下称盛达公司)与该市东方储运公司签订一份仓储保管合同。

合同主要约定,由东方储运公司为盛达公司储存保管小麦60万千克,保管期限自2019年7月10日至11月10日,储存费用为50 000元,任何一方违约,均按储存费用的20%支付违约金。合同签订后,东方储运公司即开始清理其仓库,并拒绝其他有关部门在这三个仓库存货的要求。

同年7月8日,盛达公司书面通知东方储运公司:因收购的小麦尚不足10万千克,故不需存放贵公司仓库,双方于6月3日所签订的仓储合同终止履行,请谅解。

东方储运公司接到盛达公司书面通知后,遂电告盛达公司:同意仓储合同终止履行,但贵公司应当按合同约定支付违约金10 000元。盛达公司拒绝支付违约金,双方因此而形成纠纷,东方储运公司于2019年11月21日向人民法院提起诉讼,请求判令盛达公司支付违约金10 000元。

思考:
1. 案例中的存货人和仓储保管人分别是谁?
2. 双方签订的合同是实践合同还是诺成合同?
3. 东方储运公司的诉讼请求能否得到法院的支持?

任务一　仓储合同签订

任务导入

人人乐商业集团西安分公司从东北购买一批东北大米，共 1 000 袋，每袋 50 斤，均为一等品，都采用真空包装。准备在西安人人乐超市销售。2019 年 3 月 5 日，人人乐集团西安公司与中储西安分公司签订了一份仓储合同。合同约定，仓储公司提供仓库保管大米，期限为 3 个月，从 2019 年 4 月 15 日起到 2019 年 7 月 15 日止，保管仓储费为 0.15 元/袋。双方对储存物品的数量、种类、验收方式、入库、出库的时间和具体方式、手续等作了约定。还约定任何一方有违约行为要承担违约责任，违约金为总金额的 20%。

课前检测：学银在线新手上路测验题

子任务 1：仓储合同签订

任务描述

（1）什么是仓储合同？仓储合同的当事人双方分别被称作什么？
_____
_____

（2）仓储合同具有哪些特征？请从以下几方面分别进行阐述（表 2 - 1）。

表 2 - 1　分析仓储合同特征

保管人	
保管对象	
仓储物所有权凭证	
合同属性	

（3）分析以下合同属于仓储合同还是保管合同，并说明原因。
①大学生小王周末有事回家，走之前托同宿舍小李帮他看管一下笔记本电脑。
_____
_____

②某面粉厂秋季收购了大量小麦，由于自有库房不够，依约将部分小麦存入本市华盛仓储有限公司。
_____

③李先生将提包寄存到火车站某行李寄存处。

④凯歌电器厂将生产好的一批彩电存放在本市广通物流有限公司的仓库里。

（4）仔细阅读任务导入，根据其中的合同条款，结合具体情况，拟定一份内容详尽的仓储合同。

网络资源

找法网

华律网

在线开放课程平台

仓储合同

知识链接

扫一扫
仓储合同的法律特征（微课）

一、仓储合同的定义及特征

（一）仓储合同的定义

《中华人民共和国民法典》（以下简称《民法典》）第381条指出，**仓储合同是保管人储存存货人交付的仓储物，存货人支付仓储费的合同**。提供仓储保管服务的一方称保管人，接受储存保管服务并支付报酬的一方称为存货人。仓储合同是保管合同的一种特殊类型，是由保管人提供场所存放存货人的货物，仓储管理人只收取仓储费和劳务费的合同。

（二）仓储合同的特征

1. 仓储保管人必须是拥有仓储设备并具有从事仓储业务资格的人

仓储是一种商业行为，有无仓储设备是仓储保管人是否具备营业资格的重要表征。仓储设备是指可以用于储存和保管仓储物的设施。从事仓储业务资格是指仓储保管人必须取得专门从事或者兼营仓储业务的营业许可。

2. 仓储保管的对象须为动产，不动产不能成为仓储合同中的标的物

与一般保管合同的标的物必须是特定物或特定化了的种类物不同的是，作为**仓储物的动产不限于特定物，也可以是种类物**。若为特定物，则储存期限届满或依存货人的请求返还仓储物时须采取原物返还的方式；若为种类物，则只需返还该种类的相同

想一想
仓储合同约定的是仓储物的保管事项，那么仓储合同标的是仓储物还是仓储保管行为？

品质、相同数量的替代物。

3. 存货人的货物交付或返还请求权以仓单为凭证

仓单具有仓储物所有权凭证的作用。作为法定的提取或存入仓储物的书面凭证，是仓储合同中最重要的法律文件之一。

4. 仓储合同是双务、有偿、诺成合同

仓储合同的双方当事人互负给付义务，一方提供服务，另一方给付报酬和其他费用。诺成合同指双方意思表示一致即可成立的合同。通常认为，只要存货人与仓储保管人就仓储货物达成意思表示一致，仓储合同即告成立并生效，并不以仓储物的实际交付为生效要件。

（三）仓储合同与保管合同的区别

仓储合同属于保管合同的一种类型，它具有保管合同的基本特征，同时又具有一定的特殊性，它与保管合同既有区别又有联系，两者的区别如表2-2所示。

表2-2 仓储合同与保管合同的区别

项目	仓储合同	保管合同
保管人资格	具备仓储业务资格	无特定要求
生效时间	自合同成立之时起	发生实际交付之时
是否有偿	有偿	有偿或无偿
保管物	特定物或非特定物	特定物
承担责任	承担过错责任	存在重大过失时承担责任

二、仓储合同的种类

（一）保管式仓储合同

仓库经营人提供完善的仓储条件，接受存货人的仓储物进行保管，保管期满将原先收取保管的仓储物原样交还给存货人而订立的合同为保管仓储合同。仓储合同的仓储物为确定物，保管人需原样返还。

（二）混藏式仓储合同

1. 混藏式仓储的含义

混藏仓储是指存货人将一定品质、数量的储存物交付给仓储经营人储存，在储存保管期限届满时，仓储经营人只需以相同种类、相同品质、相同数量的替代物返还的一种仓储经营方法。

这种仓储方式常见于粮食、油品、矿石等对品质无差别、可以准确计量的物品。在混藏仓储经营中，仓储经营人应寻求尽可能控制品种数和大批量混藏的经营模式，从而发挥混藏仓储的优势。混藏仓储经营方法的收入主要来源于仓储保管费，存量越多、存期越长，收益越大。

2. 混藏仓储的经营特点

（1）混藏式仓储是成本最低的仓储方式。

当存货人基于物品之价值为保管目的而免去保管人对原物的返还义务时，仓储经营人既减轻了义务负担，又扩大了保管物的范围。混藏仓储可在保管仓储的基础上，降低仓储成本，通过混藏的方式使仓储设备投入最少、仓储空间利用率最高，从而降低仓储成本。此外，种类物混藏的方式便于统一仓储作业、统一养护、统一账务处理等管理，从而提高效率，降低经营成本。

（2）有利于加快仓储物资流通

混藏仓储配合以先进先出的运作方式使得仓储物资加快流通，有利于减少耗损和过期变质等风险。

（三）消费式仓储合同

> 想一想
> 混藏式仓储与消费式仓储有何异同？

消费仓储是指存货人不仅将一定数量、品质的储存物交付仓储经营人储存，而且双方约定将储存物的所有权也转移到仓储经营人处，在合同期届满时，仓储经营人以相同种类、相同品质、相同数量替代物返还的一种仓储经营方法。

存货期间的物品所有权由保管人掌握，保管人可以对物品行使所有权。消费保管的经营人一般具有物品消费能力，如面粉加工厂的小麦仓储、加油站的油库仓储、经营期货交易的保管人等。消费式仓储合同涉及仓储物所有权转移到保管人，保管人需要承担所有人的权利和义务。

消费仓储经营人的收益主要来自对仓储物消费的收入，当该消费的收入大于返还仓储物时的购买价格时，仓储经营人就会获得经营利润。反之，消费收益小于返还仓储物时的购买价格时就不会对仓储物进行消费，而依然是原物返还。在消费仓储中，仓储费收入是次要收入，有时甚至采取零仓储费结算方式。消费仓储的开展使得仓储财产的价值得以充分利用，提高了社会资源的利用率。

（四）仓库租赁合同

仓库租赁是指库所有人将所拥有的仓库以出租的方式开展仓储经营，由存货人自行保管物品的仓储经营方式。仓储人只提供基本的仓储条件，进行一般的仓储管理，如环境管理、安全管理等，并不直接对所存放的物品进行管理。仓库租赁合同严格意义上来说不是仓储合同，只是财产租赁合同，但是由于出租方具有部分仓储保管的责任，所以具有仓储合同的一些特性。

进行仓库租赁经营时，出租方最主要的一项工作是签订一个仓库租赁合同，在合同条款的约束下进行租赁经营，取得经营收入。仓库出租经营既可以是整体性的出租，也可以采用部分出租、货位出租等分散出租方式。目前采用较多的是部分出租和货位出租方式。

扫一扫

仓储合同的订立方式（微课）

三、仓储合同的订立

1. 要约、承诺方式

要约是指向特定人发出的订立合同的意思表示。仓储合同的要约是指存货人或仓储人任何一方当事人向另一方发出订立合同的意思表示。要约的内容必须具体，至少包括仓储物的名称、数量、质量、储存时间等。

承诺是指受要约人完全同意要约的意思表示。存货人或仓储人作为受要约人对要约内容的任何扩充、限制或者其他变更都只能构成一份新要约，而非有效的承诺。

例如，某渔业公司向某冷库发出一份函电：带鱼 50 吨，欲存于贵库，费用

2 000元/天，如同意，请一周内答复。

要约邀请是指希望他人向自己发出要约的意思表示。仓库销售人员向其他公司寄送价目表或商业宣传广告等即为要约邀请。

2. 交叉要约

交叉要约是指订约当事人采取非直接对话的方式，相互不约而同地向对方发出内容相同的要约。例如，A 公司向 B 发出要约：货物 1 000 吨，期限 1 个月，费用 3 000 元。同时 B 向 A 公司称：自己有仓库一间，可储存货物 1 000 吨，期限 1 个月，费用 3 000 元。双方的意思表示在内容上完全一致，且表示已经送达对方，则仓储合同成立。

3. 承诺意思实现

当存货人向要约方发运货物，或保管人开始对货物实施保管等事实行为出现之时，即表明仓储合同成立。

在以下情形，仓储合同成立：双方签署合同书；合同确认书送达对方；受要约方的承诺送达对方；公共保管人签发格式合同或仓单；存货人将仓储物交付保管人，保管人接受合同等。

四、仓储合同的主要条款

第一条　储存货物的名称、规格、数量、质量。
第二条　货物包装。
第三条　保管方法根据有关规定进行保管，或者根据双方协商方法进行保管。
第四条　保管期限。
第五条　验收项目和验收方法。
第六条　入库和出库的手续办理。
第七条　损耗标准和损耗处理。
第八条　费用负担、结算办法。
第九条　违约责任。
第十条　不可抗力。
第十一条　其他。

扫一扫

仓储合同范本（文本）

五、仓储合同的生效和无效

合同的生效不同于合同的成立。合同成立后能否发生法律效力，能否产生当事人所预期的法律后果，非合同当事人所能完全决定，只有符合生效条件的合同才能受到法律的保护。

1. 合同的生效要件

合同的生效要件一般有：

（1）当事人订立合同时具有相应的民事行为能力。

（2）当事人各方意思表示真实。意思表示真实是指缔约人的表示行为应真实地反映其内心的效果意思，即其效果意思与表示行为相一致。

（3）合同不违反法律或者社会公共利益。

扫一扫

仓储合同的生效与无效（微课）

2. 合同无效的情形

已订立的合同由于违反了法律规定，应被认定为无效，视为无效合同。由人民法院或仲裁机构、工商行政机关认定，可以认定为合同整体无效或者部分无效，可以采取变更或者撤销的方式处理；合同无效可以在合同订立之后、履行之前、履行之中或者履行之后认定。

导致合同无效的情形有：

（1）一方以欺诈、胁迫手段订立合同，损害国家利益的仓储合同。
（2）恶意串通，损害国家、集体或者第三人利益的仓储合同。
（3）以合法形式掩盖非法目的的仓储合同。
（4）损害社会公共利益的仓储合同。
（5）违反法律、行政性强制性规定的仓储合同。
（6）无效代理的合同。

无论无效合同在什么时候认定都是始终无效的，也就是说因无效合同所产生的民事关系无效，并且可依法对造成合同无效的一方给予处罚。

子任务 2：仓储合同履行

任务描述

（1）如果仓储合同部分内容没有约定或约定不明，该如何履行？请填写表 2-3。

表 2-3 分析仓储合同履行中的问题

质量要求不明确	
价款或者报酬不明确	
履行地点不明确	
履行期限不明确	
履行方式不明确	
履行费用负担不明确	

香菇储存纠纷案（案例）

（2）阅读左侧二维码案例，学生两人一组，分别扮演仓储保管人和存货人，互相阐述各自的权利与义务，然后全体同学回答案例后面的问题。

①仓储合同的双方分别是谁？

②仓储合同生效后，合同双方各自的权利和义务有哪些？

_____

_____

_____

③仓储公司是否应该承担1吨香菇的损失？说明理由。

_____

_____

_____

网 络 资 源

知 识 链 接

一、仓储合同履行

《民法典》第509条、第510条和第511条规定规定，合同的履行应遵守下列规定：

（1）当事人应当按照约定全面履行自己的义务。当事人应当遵循诚实信用原则，根据合同的性质、目的和交易习惯履行通知、协助、保密等义务。

（2）合同生效后，当事人就质量、价款或者报酬、履行地点等内容没有约定或者约定不明确的可以协议补充；不能达成补充协议的，按照合同有关条款或者交易习惯确定。

（3）当事人就有关合同内容约定不明确，依照前条的规定仍不能确定的，适用下列规定：

①质量要求不明确的，按照强制性国家标准履行；没有强制性国家标准的，按照推荐性国家标准履行；没有推荐性国家标准的，按照行业标准履行；没有国家标准、行业标准的，按照通常标准或者符合合同目的的特定标准履行。

②价款或者报酬不明确的，按照订立合同时履行地的市场价格履行；依法应当执行政府定价或者政府指导价的，按照规定履行。

③履行地点不明确，给付货币的，在接受货币一方所在地履行；交付不动产的，在不动产所在地履行；其他标的，在履行义务一方所在地履行。

《中华人民共和国民法典》——合同的履行（文本）

④履行地点不明确,债务人可以随时履行,债权人也可以随时要求履行,但应当给对方必要的准备时间。

⑤履行方式不明确的,按照有利于实现合同目的的方式履行。

⑥履行费用的负担不明确的,由履行义务一方负担;因债权人原因增加的履行费用,由债权人负担。

二、仓储合同双方当事人的权利和义务

(一)存货人的权利与义务

1. 存货人的权利

(1) 有权要求保管人妥善管理货物。

(2) 有权要求保管人亲自看守管理仓储货物。

(3) 有权要求保管人及时验收货物。

扫一扫

仓储合同中各方的权利与义务(微课)

(4) 合同约定由保管人运送货物或代办托运的,存货人有权要求对方将货物送至指定的地点或办理托运手续。

(5) 有权检查货物。合同法赋予了货物所有人随时检查或提取样品的权利,有的仓储合同期限较长,仓储物在仓储过程中可能发生某些变化,若等到提取时才发现问题,不仅不能避免损失,还会发生损失承担的争议,所以行使该权利无疑为避免纠纷打下了良好的基础。

2. 存货人的义务

(1) 按照合同约定交付仓储物入库。

(2) 依合同向保管人支付仓储费及各项约定的费用,如商定的运费、修理费、保险费、转仓费等。

(3) 需包装的物品,应将其妥善包装。

(4) 向仓储保管人提供有关仓储物验收的资料。

(5) 仓储易燃、易爆、有毒、有害、有腐蚀、有放射性等危险物品或易变质物品,存货人应阐明其性质,并提供相关材料。

(6) 凭单按期提取仓储物。

(二)保管人的权利和义务

1. 保管人的权利

(1) 有权要求存货人按合同规定及时交付标的物。

(2) 有权要求存货人对货物进行必要的包装。

(3) 有权要求存货人告知货物情况并提供相关验收资料。

(4) 有权要求存货人对变质或损坏的货物进行处理。

(5) 有权要求存货人按期提取货物。

(6) 有权按约定收取存货管理货物的各项费用和约定的劳务报酬。

2. 保管人的主要义务

(1) 应存货人要求填写仓单的义务。

(2) 接受和验收存货人的货物入库的义务。

(3) 妥善保管储存物的义务。

(4) 危险通知义务。

(5) 返还保管物的义务。

(三) 仓储合同中的违约责任和免责

1. 仓储合同中保管人的违约责任

(1) 保管人验收仓储物后，在仓储期间发生仓储物的品种、数量、质量、规格、型号不符合合同约定的，承担违约赔偿责任。

(2) 仓储期间，因保管人保管不善造成仓储物毁损、灭失，保管人承担违约赔偿责任。

(3) 仓储期间，因约定的保管条件发生变化而未及时通知存货人，造成仓储物的毁损、灭失，由保管人承担违约损害责任。

2. 仓储合同中存货人的违约责任

(1) 存货人没有按合同的约定对仓储物进行必要的包装或该包装不符合约定要求，造成仓储物的毁损、灭失，自行承担责任，并由此承担给仓储保管人造成的损失。

(2) 存货人没有按合同约定的仓储物的性质交付仓储物，或者超过储存期，造成仓储物的毁损、灭失，自行承担责任。

(3) 危险有害物品必须在合同中注明，并提供必要的资料，存货人未按合同约定而造成损失，自行承担民事和刑事责任，并承担由此给仓储人造成的损失。

(4) 逾期储存，承担加收费用的责任。

(5) 储存期满不提取仓储物，经催告后仍不提取，存货人承担未提取仓储物的违约赔偿责任。

扫一扫

干辣椒储存
事故处理
（文本）

3. 免责

由于不能预见并且对其发生和后果不能防止或避免的不可抗力事故致使直接影响合同的履行或约定的条件履行时，遇有不可抗力事故的一方应立即将事故情况及时通知对方，并应在合同规定期限内，提供事故详情及合同不能履行或者部分不能履行或需要延期履行的理由的有效证明文件，此项证明文件应由事故发生地区的公证机构出具。按照事故对履行合同影响的程序，由双方协商决定是否解除合同，或者部分免除履行合同的责任，或者延期履行合同。

三、仓储合同的变更和解除

(一) 仓储合同的变更

仓储合同的变更是指对已经合法成立的仓储合同的内容在原来合同的基础上进行修改或者补充。仓储合同的变更并不改变原合同关系，是原合同关系基础上的有关内容的修订。仓储合同的变更应具备下列条件：

(1) 原仓储合同关系的客观存在，仓储合同的变更并不发生新的合同关系，变更的基础在于原仓储合同的存在以及其实质内容的保留。

(2) 存货人与保管人必须就合同变更的内容达成一致。

(3) 仓储合同的变更协议必须符合民事法律行为的生效要件。

仓储合同的变更程序类同于合同订立程序，即先由一方发出要约，提出变更之请求,另一方做出承诺,双方意思表示一致,变更成立。但是,受变更要约的一方必须在规定的期限内答复,这是与普通要约的不同之处。仓储合同变更后,被变更的内容即失去效力,存货人与保管人应按变更后的合同来履行义务,变更对于已按原合同所作的履行无溯及力,效力只及于未履行的部分。任何一方当事人不得因仓储合同的变更而要求另一方返还在此之前所作的履行。仓储合同变更后,因变更而造成对方损失的,责任方应当承担损害赔偿责任。

(二)仓储合同的解除

仓储合同的解除是指仓储合同订立后,在合同尚未履行或者尚未全部履行时,一方当事人提前终止合同,从而使原合同设定的双方当事人的权利、义务归于消灭。它是仓储合同终止的一种情形。

1. 仓储合同解除的方式

(1)存货人与保管人协议解除合同。存货人与保管人协议解除合同,是指双方通过协商或者通过行使约定的解除权而导致仓储合同的解除。仓储合同的协议解除可以分为事后协议解除和约定解除两种。

(2)出现法律规定的仓储合同解除条件而解除合同。这是当事人一方依照《民法典》规定采取解除合同的行为。《民法典》第563条规定,有下列情形之一的,当事人可以解除合同:

① 因不可抗力致使不能实现合同目的;
② 在履行期限届满前,当事人一方明确表示或者以自己的行为表明不履行主要债务;
③ 当事人一方迟延履行主要债务,经催告后在合理期限内仍未履行;
④ 当事人一方迟延履行债务或者有其他违约行为致使不能实现合同目的;
⑤ 法律规定的其他情形。

2. 仓储合同解除的程序

仓储合同中享有解除权的一方当事人在主张解除合同时,必须以通知的形式告知对方当事人。只要解除权人将解除合同的意思表示通知对方当事人就可以发生仓储合同即时解除的效力,无须对方当事人答复,更无须其同意,对方有异议的,可以请求法院或者仲裁机构确认解除合同的效力,即确认行使解除权的当事人是享有合同解除权。原则上仓储合同的解除权人应以书面形式发出通知,便于举证自己已经尽了通知之义务。仓储合同的解除权人应当在法律规定或者与另一方当事人约定的解除权行使期限内行使解除权,否则,其解除权将归于消灭。

在仓储合同中,除非有特别约定,仓储物所有权并不发生移转,所以仓储合同的解除是没有溯及力的。

3. 仓储合同解除的法律后果

(1)终止履行。仓储合同解除的法律效力就是使仓储合同关系消灭,使一切基于该仓储合同而发生的权利、义务关系终止。因此,当仓储合同解除后,其尚未履行的部分当然地要终止履行。

(2)采取补救措施。仓储合同是提供储存与保管服务的合同,因此,合同的性质决定了保管人不可能在合同解除时要求存货人恢复原状,而只能要求对方采取折价补偿等方式来补救,如采取偿付额外支出的仓储费、保养费、运杂费等方式。不过,对于仓储物来说，由于其于保管人一般仅转移占有权，因此存货人可以要求保管人恢复原状，原物返还。

（3）赔偿损失。仓储合同解除后，存货人或者保管人应当承担因合同解除而给对方造成的损失，该项损失不能因为仓储合同的解除而免除。

问题思考与研讨

签署正式仓储合同时应注意哪些问题？
_____
_____

能力训练

蔬菜公司与农科冻库仓储纠纷

阅读右侧二维码案例，学生每6人分为一组，每组分为2方，每方3人，一方代表蔬菜公司，另一方代表农科冷库，双方学生以事实为依据，以法律为准绳，摆证据，讲道理，准备辩护词。然后组建模拟法庭，每组学生进行模拟辩论，由老师和2名学生扮演法官进行审理，最终做出判决。观摩过程中每位学生要注意记录案情要点、证据、结论等（表2-4），观摩后全体同学回答案例后面的问题。

扫一扫

蔬菜公司与农科冻库仓储纠纷案（文本）

表2-4 模拟法庭记录

案情要点	证据	结论

问题：
（1）双方是否实际履行了各自的合同权利和义务？
_____
_____

（2）高笋腐败变质的责任应由哪方承担？
_____
_____

（3）法院该如何判理本案？
_____
_____

任务一检测单

自我检测

检测题目：学银在线巩固提升测验题

小组检测

检测题目：模拟法庭辩论蔬菜公司与农科冻库仓储纠纷
检测要求：以小组为单位，编写辩护词，课堂模拟辩论
检测标准：1. 组员参与程度（10分）；2. 紧扣题目（10分）；3. 做出合理陈述（10分）
小组互评：_____

教师检测

检测标准：1. 紧扣题目要求（10分）；2. 陈述有理有据（10分）；3. 陈述内容完整（10分）
教师点评：_____

检测评分

自我检测（40分）	同步测验（40分）		
小组检测（30分）	参与程度（10分）	紧扣题目（10分）	做出合理陈述（10分）
教师检测（30分）	标准1. 紧扣题目要求（10分）		
	标准2. 陈述有理有据（10分）		
	标准3. 陈述内容完整（10分）		
满分（100分）			

个人反思

任务二　仓单业务办理

任务导入

A水果店与B仓储公司签订了一份仓储合同,合同约定仓储公司为水果店储存苹果5万千克,仓储期间为1个月,仓储费为5 000元,自然耗损率为4%。苹果由存货人分批提取。合同签订以后,苹果入库过磅重量为50 100千克。仓储公司接货后向水果店签发仓单时,由一人读合同的条款,另一人填写,因读条款人的发音有方言的口音,填写人将自然耗损率误写为10%,水果店负责人也没有多看就将仓单取走。合同到期以后,水果店负责人持仓单向仓储公司提货,出库过磅时发现苹果仅有46 000千克。水果店负责人认为数量不对,50 100千克扣除4%的自然耗损应是48 096千克,还短缺2 096千克。于是,水果店要求仓储公司赔偿损失。仓储公司认为仓单上写明的自然耗损率为10%,剩余46 000千克并没有超出自然耗损的范围,因此不存在赔偿问题。双方争执不下,水果店向法院起诉,要求仓储公司赔偿。

课前检测:学银在线新手上路测验题

子任务1:认识仓单

任务描述

（1）仔细阅读任务导入,结合知识链接,回答下列问题。

①什么是仓单?试述仓单的法律特性。

②仓单和仓储合同的关系是怎样的?

③你认为本案例应怎样裁决?

④在仓储业务中的存货方和保管方在交接货和填写仓单时分别应注意哪些问题？
_____
_____

（2）仓单有哪几种类型？普通仓单的必备要素有哪些？可转让、质押仓单的必备要素有哪些？
_____
_____
_____
_____
_____

网络资源

找法网　　　　　仓单　　　　　在线开放课程平台

课堂笔记　知识链接

由中国仓储协会等十几家单位联合起草，经国家标准化委员会批准的《仓单要素与格式规范》（GB/T 30332—2013）于2014年7月1日正式实施。该标准的制定与实施对提高仓储服务质量、促进仓单质押融资、规范仓单转让等有着重要的现实意义，对存货担保行为有关参与方的经营风险起到了积极的防范和规避作用。

一、仓单的概念

《民法典》第908条规定："存货人交付仓储物的，保管人应当出具仓单、入库单等凭证。"所谓仓单，就是保管人在接受仓储物后签发的、表明一定数量的保管物已经交付仓储保管的法律文书。保管人签发仓单，表明已接受仓储物，并已承担对仓储物保管的责任以及保证将向仓单持有人交付仓储物。签发仓单是仓储保管人的法律义务。

扫一扫
仓单介绍
（视频）

二、仓单的作用

（1）签发仓单表明保管人已接受了仓单上所记载的仓储物。
（2）仓单是仓储保管人返还保管物的凭证。
（3）仓单是确定保管人和仓单持有人、提货人责任和义务的重要依据。

（4）仓单是仓储合同的证明。

三、仓单的法律特性

1. 仓单是提货凭证

仓储保管人保证向持单人交付仓储物。在提取仓储物时，提货人应当向保管人出示仓单，并在提货后将仓单交回保管人注销。

2. 仓单是所有权的法律文书

保管人在查验并接受仓储物后向存货人签发仓单，表明：仓储物的所有权并没有转移给保管人，只将仓储物的保管责任转交给保管人，通过保管人签发的仓单作为仓储物所有权的法律文书，并由存货人或其他持有人持有。

3. 仓单是有价证券

仓单是仓储物的文件表示。仓储保管人依据仓单返还仓储物，占有仓单表示占有仓储物，也意味着占有了被存储的财产和该财产所包含的价值。受让仓单就需要支付与该价值对等的资产或价款，因而仓单是表明仓储物价值的有价证券。

4. 仓单是仓储合同的证明

仓单本身并不是仓储合同，当双方没有订立仓储合同时，仓单可作为仓储合同的书面证明，证明合同关系的存在，存货人和保管人按照仓单的记载承担合同责任。

四、仓单的功能

1. 保管人承担责任的证明

仓单的签发意味着仓储保管人接管仓储物，对仓储物承担保管责任，保证在仓储期满向仓单持有人交还仓单上所记载的仓储物，并对仓储物在仓储期间发生的损害或灭失承担赔偿责任。

2. 物权证明

仓单作为提货的凭证，意味着合法获得仓单的仓单持有人具有该仓单上所记载的仓储物的所有权。仓单持有人因持有仓单所获得的仓储物所有权仅仅是仓单所明示的物权，并不能获得存货人与保管人所订立仓储合同的权利，只有这些权利在仓单中列明时才由仓单持有人享受。相应的保管人也不能采用未在仓单上明示的仓储合同的约定条款对抗仓单持有人，除非仓单持有人和存货人为同一人。

3. 物权交易

仓储物交给仓储保管人保管后，保管人占有仓储物，但是仓储物的所有权仍然属于存货人，存货人有权依法对仓储物进行处理，可以转让仓储物。为了便利和节省交易费用，存货人通过直接通过转让仓单的方式转让仓储物，由受让人凭仓单提货。通过仓单转让既可以实现仓储物所有权的转让交易，又不涉及仓储保管的转换和交接，是一种简便和经济的办法。

4. 金融工具

由于仓单具有物权功能，仓单也代表着仓储物的价值，成为有价证券。因其所代表的价值可以作为一定价值的担保，因而仓单可以作为抵押、质押、财产保证的金融工具和其他的信用保证。在期货交易市场上，仓单交易是交易的最核心部分。

五、仓单的形式与内容

1. 仓单的形式

仓单由保管人提供。仓储经营人应准备好仓单簿，通常仓单联数应为三联，包括会计记账联、正本提货联和会计底卡联。

扫一扫

仓单的形式与内容（微课）

2. 仓单的类型

（1）普通仓单。普通仓单就是用于普通仓储业务中的仓单，仓储物的出库单、入库单都视为仓单。仓单通常具备以下内容：存货人的名称或者姓名和住所；仓储物的品种、数量、质量、件数、包装和标记；仓储物的损耗标准；储存场所；储存期间；仓储费；仓储物已经办理保险的，其保险金额、时间以及保险人的名称；填发人、填发地和填发日期。

（2）可转让仓单。可转让仓单是指用于企业融资货物质押、货物转让、期货交割的仓单，是与货物共同整进整出的仓单，可转让仓单设有背书栏。仓单转让生效的条件为：背书过程完整，经保管人签署。图 2－1 和图 2－2 是可转让仓单示例。

扫一扫

普通仓单示例（单据）

凭单提货

×××公司仓单

填发日期（大写）　年　月　日　NO.________

存货人：________________　账号：________________

储存期：________至________　仓库地址：________________

仓储物名称	规格	单位	数量	包装	标记	仓储费率	备注
货值合计金额（大写）				￥（小写）			

正本提货联

保管人（签章）

注：仓储物（已/未）办理保险.
保险金额￥________元.
保险期限_____. 保险人：________.

记账：　复核：

----------拍缝章加盖处----------

（附件粘贴处）

图 2－1　可转让仓单正面

被背书人	被背书人	被背书人	粘贴单处
背书人签章 年 月 日	背书人签章 年 月 日	背书人签章 年 月 日	
保管人签章 年 月 日	保管人签章 年 月 日	保管人签章 年 月 日	

持单人向公司 　　　　　　　　　　　　身份证名称：
提示取货签章：　　　　　　　　　　　　号　　码：
　　　　　　　　　　　　　　　　　　　发证机关：

想一想
普通仓单与可转让仓单在形式与内容上有哪些区别？

图2-2　可转让仓单背面

3. 仓单的内容

根据《民法典》第909条的规定，仓单应包括下列事项：

（1）存货人的名称或者姓名和住所。存货人是仓储合同的一方当事人，也是仓单的第一个权利人，因此仓单上必须载明存货人的最基本信息。存货人为法人或者其他社会组织、团体的，应当写明其名称，名称应写全称。存货人为自然人的，则应写明姓名。

（2）仓储物的品种、数量、质量、包装、件数和标记。这些内容是经过保管人验收确定后再填写在仓单上的。需要指出的是，仓单上记载的这些内容应当是以仓储物入库时的实际状况为准的，而不能依据保管人和存货人订立仓储合同时对仓储物的上述事项的约定而填写。

（3）仓储物的损耗标准。一般地，仓单上所记载的损耗标准通常都是根据仓储合同的相应约定而填写的。但是，在某些情况下，当事人也可能在仓单上对仓储合同中约定的损耗标准进行变更。当仓储合同约定的标准与仓单上所记载的标准不一致时，一般以仓单的记载为准。

（4）储存场所。储存场所是存放仓储物的地方。仓单上应当明确载明储存场所，以便存货人或仓单持有人能够及时、准确地提取仓储物，同时也便于确定债务的履行地点。

（5）储存期间。储存期间是保管人为存货人储存货物的起止时间。储存时间在仓储合同中十分重要，它不仅是保管人履行保管义务的起止时间，也是存货人或仓单持有人提取仓储物的时间界限。因此，仓单上应当明确储存期间。

（6）仓储费。仓储费是保管人为存货人提供仓储保管服务而获得的报酬。仓储合同是有偿合同，仓单上应当载明仓储费的有关事项，如数额、支付方式、支付地点、支付时间等。

（7）仓储物已经办理保险的，仓单应写明其保险金额、期间以及保险人的名称。

仓储中的货物存在一定的毁损、灭失的风险,为防范该风险,存货人常为其办理保险。持有人在仓单上应载明保险的相关事项,当仓储货物发生保险事故时,仓单持有人才能及时向保险人索赔。

(8)填发人、填发地和填发日期。填发人就是仓储合同的保管人,由于保管人是仓储合同的一方当事人,对仓储物的储存、保管承担着主要义务,因此该事项在仓单中应当明确记载。填发地一般是仓储物入库地,填发日期一般是入库日期。

4. 仓单的必备要素

《仓单要素与格式规范》(GB/T 30332—2013)中规定了仓单可选要素的内容及用语(表2-5),该标准适用于仓储型物流公司的一般进出库单据、货物质押融资业务中的仓单、期货交易中的交割仓单(含电子仓单)。仓储服务的其余一般单据可参照使用。

扫一扫

仓单要素与格式规范(文本)

表2-5 仓单必备要素的内容及用语

序号	要素内容	可选择用语	填写要求
(1)	"仓单"字样	仓单	
(2)	凭证权利提示	凭单提货	
(3)	仓单编号	编号、No.	
(4)	仓单填发日期	填发日期	大写
(5)	存货人名称	存货人	实名全称
(6)	保管人名称	保管人、签发人	实名全称,可置于仓单顶部并使用保管人或签发人标志
(7)	仓储物名称	名称、品种	
(8)	仓储物数量	数量	
(9)	仓储物计量单位	单位	宜采用 GB 3101、GB 3102 中规定的法定计量单位
(10)	仓储物包装	包装	
(11)	仓储场所	地址	
(12)	保管人签章	保管人签章	

课堂笔记

子任务2:仓单业务

任务描述

(1)保管人签发仓单时应注意哪些事项?

（2）仓单分割有何意义？如何进行仓单分割？

_____
_____
_____
_____

（3）叙述仓单转让的程序，扫描右侧二维码，说明图中背书人与被背书人分别是谁。

扫一扫
背书示例
（文本）

_____
_____
_____
_____
_____

网络资源

仓单分割

仓单转让

仓单质押

知识链接

一、仓单的签发

仓单由保管人向存货人签发。存货人要求保管人签发仓单时，保管人必须签发仓单。当存货人将仓储物交给保管人时，保管人应对仓储物进行查验，确认仓储物的状态，在全部仓储物收妥后填制并签发仓单。保管人在填制仓单时，必须将所接受的仓储物的实际情况如实记录在仓单上，特别是对仓储物的不良状况更要准确描述，以便到期时能按仓单的记载交付仓储物。经保管人签署的仓单才能生效。

保管人对仓储物不良状态的批注必须实事求是、准确、明确。当存货人不同意批注时，如果仓储物的瑕疵不影响仓储物的价值或质量等级，保管人可以接受存货人的担保而不批注，否则必须批注或者拒绝签发仓单。

二、仓单份数

仓单联数应为三联，包括会计记账联、正本提货联和会计底卡联。仓单副本可根据业务需要复制相应份数，但须注明为"副本"。

三、仓单的分割

仓单的持有人可以请求保管人将保管的货物（仅适用在数量上可以分割的货物，特别是大宗货物）分割为数个部分，并分别填发仓单，同时持有人须交还原仓单，这就是仓单的分割。其目的是便于存货人处分仓储物（如将1 000吨水泥分割成10分，分别出卖给不同的买受人）。但是，因分割仓单所支出的费用应由存货人支付或偿还。

四、仓单转让

仓单持有人需要转让仓储物时，可以通过背书转让的方式进行仓储物转让。仓单转让生效的条件为：背书过程完整，经保管人签署。

1. 背书转让方法

作为记名单证，仓单的转让采取背书转让的方式进行。背书转让的出让人为背书人，受让人为被背书人，由出让人进行背书，并注明受让人的名称，保持仓单的记名性质。一则背书格式示例如表2-6所示。

表2-6　仓单的背书格式

兹将本仓单转让给×××（被背书人的完整名称） ×××（背书人的完整名称）

仓单可以进行多次背书转让，第一次背书的存货人为第一背书人。在第二次转让时，第一次被背书人就成为第二背书人。因而背书过程是衔接的完整过程，任何参与该仓单转让的人在仓单的背书过程中都会被记载。

2. 保管人签署

仓单通过背书转让，使仓储物的所有权发生了转移，被背书人成为仓单持有人。这也意味着原先同保管人订立仓储合同的存货人将凭仓单提取货物的合同权利转让给了其他人，保管人将向第三人履行仓储义务。《民法典》第546条规定"债权人转让债权，未通知债务人的，该转让对债务人不发生效力。"同时还规定债务人转让义务应当经债权人同意。仓单的转让可能仅涉及存货人债权的转让，也可能存在受让人支付仓储费等债务的转让，因而仓单转让需要保管人的认可，经保管人签字或盖章，仓单受让人才能获得提取仓储物的权利。

想一想：华丰公司在仓储合同签署后，根据市场需要，将小麦卖给了某粮店10万千克。为了简便手续，方便粮店提货，将仓单背书后交给粮店，并在事后通知了仓库，仓储期满以后，当粮库持仓单提货时，储方以粮店不是合法仓单持有人为由拒绝交货。

请问：这是谁的过错，为什么？怎么做才是正确的？

五、凭单提货

在保管期满或者经保管人同意的提货时间，仓单持有人向保管人提交仓单并出示身份证明，经保管人核对无误后，保管人给予办理提货手续。

1. 核对仓单

保管人核对提货人所提交的仓单和存底仓单，确定仓单的真实性；查对仓单的背书完整性，过程衔接是否清楚；核对仓单上的存货人或者被背书人与其所出示的身份证明是否一致。

2. 提货人缴纳费用

如果仓单记载由提货人缴纳仓储费用的，提货人按约定支付仓储费。根据仓储合同约定并记载在仓单上的仓储物在仓储期间发生的仓储人的垫费、为仓储物所有人利益的支出、对仓储人或其他人所造成的损害赔偿等费用核算准确并要求提货人支付。

3. 保管人签发提货单证

安排提货，保管人收取费用、收回仓单后，签发提货单证，安排货物出库准备。

4. 提货人验收仓储物

提货人根据仓单的记载与保管人共同查验仓储物，签收提货单证，收取仓储物。如果查验时发现仓储物状态不良，现场编制记录，并要求保管人签署，必要时申请物品检验，以备事后索赔。

六、仓单灭失的提货

仓单因故损毁或灭失，将会出现无单提货的现象。原则上提货人不能提交仓单，保管人不能交付货物，无论对方是合同订立人还是其他人。因为保管人签发出仓单就意味着承认只能对仓单承担交货的责任，不能向仓单持有人交付存储物就给予赔偿。仓单灭失后提货人可采用以下提货方法。

1. 通过人民法院的公示催告使仓单失效

根据民事诉讼法，原仓单持有人或者仓储合同人可以申请人民法院对仓单进行公示催告。当60天公示期满无人争议，人民法院可以判决仓单无效，申请人可以向保管人要求提取仓储物。在公示期内有人争议由法院审理判决，确定有权提货人，并凭法院判决书提货。

2. 提供担保提货

提货人向保管人就仓储标的物担保后提货，由保管人掌握担保财产，将来另有人出示仓单而不能交货需要赔偿时，保管人使用担保财产进行赔偿。该担保在可能存在的仓单失效后方能解除。

问题思考与研讨

仓单应包括哪些基本内容？仓单具备哪些作用？

能力训练

仓单（单据）

仓单业务实操

2019年10月20日，陕西富农商贸有限公司与陕西安源融金仓储有限公司签订仓储合同一份，约定陕西富农商贸有限公司将一批荞麦存入陕西安源融金仓储有限公司仓库，该批荞麦具体情况为：粗加工，每袋25kg，复合编织袋包装，件数2 000，重量50 000kg，单价6元/kg，商标绿康，存期1年，2019年10月30日交付入库，年仓储费率5%。后该批荞麦于2019年11月5日入库，储存于陕西安源融金仓储有限公司3号库，仓单编号：CK03201911050072，货物未办理保险。陕西富农商贸有限公司地址为：陕西宝鸡市高新大道38号。2019年12月9日陕西富农商贸有限公司将该批荞麦转售于河南新胜贸易有限公司，2020年3月6日河南新胜贸易有限公司又将其转售于河南裕隆面粉加工有限公司。

请同学们4人一组，分别扮演存货人、仓单出让人、受让人、仓储人办理仓单签发、转让事宜，仓单可采用左侧示例格式。

任务二检测单

自我检测

检测题目：学银在线巩固提升测验题

小组检测

检测题目：仓单业务实操
检测要求：以小组为单位，进行分角色模拟
检测标准：1. 团队合作（10分）；2. 任务按时完成（10分）；3. 角色分工清楚（10分）
小组观点：

教师检测

检测标准：1. 单据填写正确（10分）；2. 任务按时完成（10分）；3. 陈述内容完整（10分）

教师评语：_____

_____

检测评分

自我检测 (40分)	学习通测试成绩（40分）		
小组检测 (30分)	团队合作 (10分)	任务按时完成 (10分)	角色分工清楚 (10分)
教师检测 (30分)	标准1. 单据填写正确（10分）		
	标准2. 任务按时完成（10分）		
	标准3. 陈述内容完整（10分）		
满分 (100分)			

个人反思

改错	重点内容回顾

小结

项目三
物品入库作业

【学习目标】

- **知识目标**
1. 掌握物品入库作业基本流程
2. 能够说出几种接运卸货方式的过程
3. 理解入库作业计划及其内容，影响入库作业计划的各种因素，物品到货方式对接运卸货的影响
4. 熟悉入库验收的内容，能够为入库物品从计件、检斤、检尺求积中选择合适的数量验收方法
5. 掌握入库信息处理的内容

- **技能目标**
1. 具备在库管员指导下进行入库准备工作的能力
2. 具备根据送货方式、物品种类等因素编制入库作业计划的能力
3. 具备对入库货物进行包装、数量和外观质量检验，并准确规范填写验收结果的能力
4. 具备处理验收过程中单证不齐、数量短缺、质量不符等问题的分析能力
5. 具备仓储管理系统条件下，进行入库信息录入和处理的能力

- **素质目标**
1. 培养事前计划的良好习惯
2. 培养恪尽职守的专业素养
3. 培养协作共进的团队精神

【内容架构】

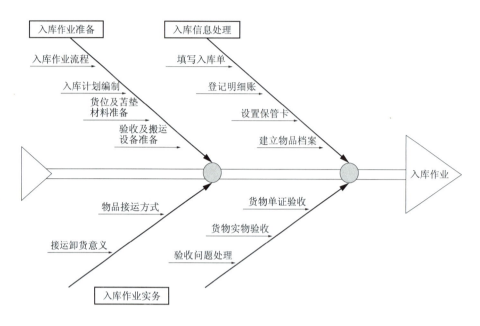

【引入案例】

长虹的流动仓库

目前，我国家电业产能严重过剩，利润日趋微薄，家电企业处境艰难，下游面临大连锁商的压力，上游面临原材料成本日益走高的挑战，处在产业链中游的家电制造企业必须通过内部挖潜的集约型竞争方式，才能在市场竞争中谋取一席之地。

四川长虹电器股份有限公司是一家集彩电、背投、空调、视听、数字网络、电源、器件、平板显示、数字媒体网络等产业研发、生产、销售的多元化、综合型跨国企业。其下辖吉林长虹、江苏长虹、广东长虹等多家参股、控股公司。

长虹在绵阳拥有40多个原材料库房，50多个成品库房，200多个销售库房。过去的仓库管理主要由手工完成，各种原材料信息通过手工录入。虽然应用了ERP系统，但有关原材料的各种信息记录在纸面上，而存放地点完全依靠工人记忆。在货品入库之后，所有的数据都由手工录入到电脑中。对于制造企业来说，仓库的每种原材料都有库存底线，库存过多影响成本，而库存不够则需要及时订货，但是纸笔记录的方式具有一定的滞后性，真正的库存与系统中的库存永远存在差距，无法达到实时更新。库存信息的滞后性让总部无法做出及时和准确的决策。而且手工录入方式效率低、差错率高，在出库频率提高的情况下问题更为严重。

为了解决上述问题，长虹决定应用条码技术以及无线解决方案。经过慎重选择，长虹选择了美国讯宝科技公司及其合作伙伴——高立开元公司共同提供的企业移动解决方案。该解决方案采用讯宝科技的条码技术，并以Symbol MC3000作为移动处理终端，配合无线网络部署，进行仓库数据的采集和管理。目前在长虹主要利用

Symbol MC3000 对其电视机生产需要的原材料仓库以及 2 000 多平方米的货场进行管理，并对入库、出库以及盘点环节的数据进行移动管理。

一个完整的入库操作包括收货、验收、上架等操作。长虹在全国有近 200 家供应商，首先要根据供应商提供的条码对入库的原材料进行识别和分类。通过条形码进行标识，确保系统可以记录每个单体的信息，进行单体跟踪。长虹的仓库收货员接到供应商的送货单之后，立即利用 Symbol MC3000 扫描即将入库的各种原材料的条码以及货单上的条码号，通过无线局域网络传送到仓库数据中心，在系统中检索出订单，实时查询该入库产品的订单状态，确认是否可以收货，并提交给长虹的 ERP 系统。

收货后，长虹的 ERP 系统会自动记录产品的验收状态，同时将订单信息发送到收货员的手持终端上，并指导操作人员将该产品放置到系统指定的库位上。操作员将货物放在指定库位后扫描库位条码，系统自动记录该物品存放库位并修改系统库存，记录该配件的入库时间。通过这些步骤，长虹的仓库管理人员可以在系统中追踪到每一个产品的库存状态，实现实时监控。

（资料来源：物联云仓）

思考：
1. 分析入库作业的主要内容。
2. 信息化条件下，长虹是如何提高入库作业效率的？

任务一　入库作业准备

任务导入

众物智联物流与供应链集团西安物流中心有前置仓（云仓）和立体化仓库两种类型仓库。前置仓（云仓）共有 3 个储区，即平置库存储区、高架库存储区和密集型存储区（"货到人"储区），各仓库储存条件如下：

(1) 平置库存储区地坪荷载为 $3t/m^2$，库高 6m，可用宽度受限为 9m。

(2) 高架库存储区货位规格为 $1\ 200mm \times 1\ 000mm \times 1\ 000mm$，单货位承重为 500kg；托盘规格为 $1\ 200mm \times 1\ 000mm \times 160mm$；单位托盘重量为 10kg；作业预留高度不少于 150mm。

(3) 密集型存储区为四列六层货架，单货位规格为 $600mm \times 800mm \times 500mm$；单货位承重为 50kg；周转箱规格为 $600mm \times 400mm \times 360mm$；单位周转箱重量为 2kg；作业预留高度不少于 100mm，且物品包装（高度）至少应有 1/3 在周转箱中。

立体化仓库储存条件如下：

自动化立体仓库货位规格为 $1\ 100mm \times 1\ 300mm \times 1\ 000mm$；单货位承重为 500kg；托盘规格为 $1\ 200mm \times 1\ 000mm \times 160mm$；单位托盘重量为 10kg；作业预留高度不少于 150mm。

> 想一想
> "货到人"是什么意思，与"人到货"有什么不同？

2019年5月27日，众物智联物流与供应链集团西安物流中心收到供应商入库通知单1份，到货物品为力士靓肤沐浴露、格力空调、汽车空调压缩机和荣耀路由器。其中力士靓肤沐浴露、格力空调和荣耀路由器等货物主要是为"6·18"年中大促提前备货，计划存储至前置仓（云仓）；汽车空调压缩机是为汽车制造商生产提供生产支持，计划存储至立体化仓库。该批货物计划到货日期为2019年5月28日上午10点，入库通知单如表3-1所示。

> 查一查
> 什么是"云仓发货"，有哪些优势？

表3-1　2019年5月27日入库通知单

单号：20190527001　　　　　　　　　　　　　　　　　　　　2019年5月27日

序号	货物名称	型号/规格	单位	包装	数量	重量/kg	堆码极限
1	力士靓肤沐浴露	325mm×157mm×237mm	箱	纸箱	4 200	8	4层
2	格力空调	KFR-35GW/NhPaB1W 外机：900mm×575mm×350mm 挂机：900mm×290mm×202mm	套	纸箱	1 000	外机：32 挂机：11	5层 5层
3	汽车空调压缩机	VALUE-100 460mm×260mm×200mm	台	纸箱	2 700	10	5层
4	荣耀路由器 Pro 2	115mm×115mm×108mm	台	纸盒	1 000	1	6层

作为众物智联物流与供应链集团西安物流中心新仓库管理员的你，需要了解：什么是入库通知单？货物入库的作业流程是什么？货物入库前要进行哪些准备工作？如何制订入库计划？怎样才能安全准确地将该批货物存入合适位置？

课前检测：学银在线新手上路测验题

子任务1：接受入库申请

任务描述

> 查一查
> 仓储企业接受入库申请一般是哪个部门负责的？

（1）结合本项目引入案例"长虹的流动仓库"，讨论货物入库作业流程。

_____

_____

（2）根据众物智联物流与供应链集团西安物流中心案例中2019年5月27日收到的入库通知单，完成以下问题。

①客户入库申请的形式与内容分别是什么？

_____

_____

②针对客户提出的入库申请,仓储企业该如何正确处理?

③接受该入库申请后需要做哪些准备工作?

网络资源

知识链接

一、入库作业流程

入库作业是指仓储部门按照存货方的要求合理组织人力、物力等资源,按照入库作业程序,认真履行入库作业各环节的职责,及时完成入库任务的工作过程。入库工作质量直接影响到物品的储存保管以及出库业务等工作的顺利进行。入库作业基本流程如图3-1所示。

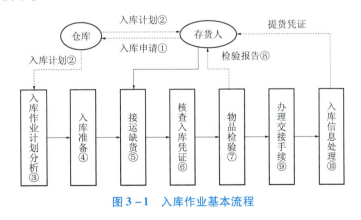

图3-1 入库作业基本流程

二、入库通知单

入库通知单是存货人给仓库的一个客户委托,即存货人向仓储企业提出入库申请的书面形式。一般入库通知单是货主或货主委托方为下达入库任务,根据仓储协议,在一批货物由司机送达仓库前下达给仓库,仅仅起到预报入库信息的作用。

入库通知单的内容一般应包括编号、日期、订单号、供应商、存货人、物品编号、物品名称、物品属性、物品件数、物品重量、包装材质及规格、存放地点等信息。

三、入库申请流程

> **想一想**
> 中储咸阳物流中心仓库对于咸阳果农发来的苹果入库申请如何处理?

入库申请是存货人对仓储服务产生需求,并向仓储企业发出需求通知。书面入库申请为入库通知单。客户入库申请的来源形式多样,可能来自电话、电子邮件,也可能是传真或者对接的物流信息系统等。

当仓储企业业务部门收到存货人的入库通知单后,要对此业务进行分析评估,包括到货日期、物品属性、包装、数量、存储时间及本企业的接卸货能力、存储空间、温湿度控制能力等。当分析评估后认为此业务本企业难以承担,业务部门可与存货人就存在的问题进行协商,如协商难以达成一致,则可拒绝此项业务;当分析评估后认为此业务完全符合本企业的业务范畴,则业务部门根据入库通知单制订入库作业计划,分别发给存货人和本企业仓库部门。发给存货人的入库作业计划作为存货人入库申请的确认,发给本企业仓库部门的入库作业计划作为生产计划,仓库部门依此计划进行生产准备。

入库申请流程如图3-2所示。

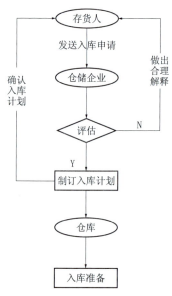

图3-2 入库申请流程

子任务 2：入库作业计划编制

任务描述

（1）分析众物智联物流与供应链集团西安物流中心 2019 年 5 月 27 日收到的入库通知单，明确该批货物的属性与存储要求，并填写表 3-2。

表 3-2 货物属性及分类分析

序号	货物名称	物品属性	具体分类
1	力士靓肤沐浴露		
2	格力空调		
3	汽车空调压缩机		
4	荣耀路由器 Pro 2		

扫一扫

入库作业计划编制与实施流程（图片）

（2）为众物智联物流与供应链集团西安物流中心仓库设计一份入库计划单，并针对上述货物编制入库作业计划。

（3）分析仓库各部门接收到上述入库作业计划后需要进行的准备工作。

①仓储员准备工作。

②检验员准备工作。

③接运员准备工作。

网络资源

中国物流与采购联合会认证网

在线开放课程平台

知识链接

一、入库作业计划内容

入库作业计划是存货人发货和仓库部门进行入库前准备的依据。入库作业计划主要包括：到货时间，接运方式，包装单元与状态，存储时间，物品的名称、品种、规格、数量、单件体积与重量，物品的物理、化学、生物特性等详细信息。

仓库部门对入库作业计划的内容要进行分析，并根据物品在库时间和货物信息合理安排货位。仓库部门通过对入库作业计划做出测评与分析之后即可处理入库信息，并进行物品入库前的准备工作。

二、物品存储方式

物品存放的方法主要有专仓专储与分区分类储存两种，不同物品的存放方法如表3-3所示。

表3-3 仓库物品存放方法

扫一扫
确定物品存放位置（微课）

存储方式	定义	主要区别	存储物品类型
专仓专储	在仓库中划分出专门的空间，用于专门储存、保管某一种物品	1. 通常为专用性仓库 2. 储存物品种类少，但其数量一般较多 3. 储存的物品性质一般较特殊，不宜与其他物品混存	1. 粮食、烟酒、香料等 2. 易燃、易爆、有毒的物品 3. 保存条件特殊的物品 4. 特别贵重的物品
分区分类储存	将仓库划分为若干个保管区，在其中存放性质相近的物品，以便集中保管及养护	1. 通常为通用性仓库 2. 储存物品种类多，但某一类物品数量较少 3. 存储的物品具有互容性	1. 保存条件一般的物品，如纺织品、家电等 2. 保存时不会互相影响的物品，如饮料与食品、肥皂与洗发水等

根据物品的性质确定其存放方式后，对于需要专仓专储的物品应该在专用仓库中为其整理出一定的区域进行存放。而对于那些可以分区分类存储的物品则需要根据物品的具体情况，在仓库中划分出相应的区域对其进行存放。

三、入库准备工作

按照物品的入库时间和到货数量，按计划安排好接运、卸货、检验、搬运物品的作业人员和班次；仓库管理员要准备好物品入库所需的各种报表、单证、账簿，以备使用。特别要做好货位准备、苫垫材料准备、验收及装卸搬运设备的准备等。

（一）货位准备

1. 平置库货位准备

物品存储位置的确定主要考虑平置库平面布局、物品在库时间、物品物动量（货物的出库量）高低等关键因素。高物动量物品应放置在离通道或者库门较近的地方。

物品占地面积的确定：

①单位包装物底面积 = 长 × 宽

②单位面积重量 = 单位物品毛重 ÷ 单位包装物底面积

③层数 a = 库高 ÷ 箱高（从净高考虑可堆层数 a）

④层数 b = 地坪单位面积最高载荷量 ÷ 单位面积重量（从地坪载荷考虑可堆层数 b）

⑤若物品包装所允许的堆码层数 c 确定，则该批货物可堆层数 = min {层数 a，层数 b，层数 c}

⑥占地面积 = （总件数 ÷ 可堆层数）× 单位包装物底面积

2. 货架库货位准备

如果货物需要上架储存，在明确存储位置和货物数量的同时，可能还需要准备相应数量的托盘。

决定物品存储位置的关键因素是物动量分类的结果，高物动量物品一般应该选择首层货物，中物动量物品应选择中间层货物，低物动量物品则应选择在上层货位。

为保证计划入库物品能顺利入库，仓管人员应在入库前准备出足够的货位和上架所需的托盘。在确定货位和托盘数量时应考虑的因素主要包括：物品种类与包装规格、货架货位的设计规格、托盘规格、叉车作业要求、作业人员的熟练程度与技巧等。

想一想
平置库货位准备应该确定哪些因素？

扫一扫
平置库货位准备（案例）

货架仓库与平置库不同的地方还包括货位净高的要求以及叉车作业空间的预留，一般预留空间≥90mm。

（二）苫垫材料的准备

货物确定后还要做好防雨、防潮、防尘、防晒准备，即准备好存储所需的苫垫材料。苫垫材料应根据货位位置和到货物品特性进行合理的选择。

选择垫垛材料要考虑到使物品避免受地坪潮气的侵蚀，并满足垛底通风的需求。其主要材料包括：枕木、方木、木板、石条、水泥墩、防潮纸（布）及各种人工垫板等。

苫盖材料主要使物品免受风吹、雨打、日晒、冰冻的侵蚀，主要包括塑料布、席子、油毡纸、铁皮、苫布及各种人工苫盖瓦等。

扫一扫
托盘货架货位与托盘数量确定（案例）

（三）验收及装卸搬运设备的准备

仓库理货人员根据物品情况和仓储管理制度确定验收方法，准备验收所需要的计件、检斤、开箱、装箱、丈量、移动照明等器具。同时，根据将要到达物品的特性、货位、设备条件、人员等情况，科学合理地制定卸车搬运工艺，备好相关作业设备，安排好卸货站台或者场地，保证装箱搬运作业的效率。

问题思考与研讨

> 处理客户入库申请要考虑哪些因素？

能力训练

> **入库准备工作方案**
>
> 以小组为单位，研究与讨论众物智联物流与供应链集团西安物流中心的仓储条件，试完成2019年5月28日将要到达货物的入库准备工作方案一份。

任务一检测单

自我检测

检测题目：学银在线巩固提升测验题

小组检测

检测题目：入库准备工作方案

检测要求：以小组为单位，首先进行方案设计，然后用PPT进行汇报

检测标准：1. 团队合作（5分）；2. 方案合理（10分）；3. 准备充分（5分）；
4. 汇报清楚（10分）

小组互评：

教师检测

检测标准：1. 方案合理（10 分）；2. PPT 制作精美（10 分）；3. 汇报清楚（10 分）

教师点评：_____

_____

检测评分

自我检测（40 分）	同步测验（40 分）			
小组检测（30 分）	团队合作（5 分）	方案合理（10 分）	准备充分（5 分）	汇报清楚（10 分）
教师检测（30 分）	标准 1. 方案合理（10 分）			
	标准 2. PPT 制作精美（10 分）			
	标准 3. 汇报清楚（10 分）			
满分（100 分）				

个人反思

任务二　入库作业实务

任务导入

机械工业出版社委托天地华宇集团有限公司运送一批图书（2 000 本）到陕西天地合和出版物物流发行有限公司，陕西天地合和出版物物流发行有限公司仓储部需要完成该批书籍的入库作业。

王森第一天来到天地合和仓储部工作，仓储部主管分配他负责完成该批货物的入库工作，王森迫切需要了解入库作业实务具体作业实务，特别是货物如何接收、如何验收。他该从哪里着手呢？

扫一扫

宏达仓储验收工作（案例）

课前检测：学银在线新手上路测验题

子任务1：接运卸货

任务描述

扫一扫
接运卸货
（微课）

（1）讨论接运卸货的重要性与意义。
_____
_____

（2）分析4种接运方式的不同并填在表3-4中。

表3-4 接运方式分析

接运方式	适用场合	办理程序
专用线接货		
车站码头提货		
自提货		
送货到库		

网络资源

中储发展股份有限公司

FINEEX 发网

在线开放课程平台

知识链接

一、什么是接运卸货

想一想
接运卸货的主要任务是什么？

物品入库除了一小部分由供货单位直接运到仓库交货外，大部分要经过铁路、公路、航运、空运和短途运输等运输工具转运。经过交通运输部门转运的物品都必须经过仓库接运后才能进行入库验收。因此，货物的接运是入库业务流程的第一道作业环节，也是仓库直接与外部发生的经济联系。它的主要任务是及时而准确地向交通运输部门提取入库货物，要求手续清楚、责任分明，为仓库验收工作创造有利条件。由于接运工作是仓储业务活动的开始，是物品入库和保管的前提，所以接运工作的好坏直接影响物品的验收和入库以后的保管保养。

由于接运工作直接与交通部门接触，所以做好接运工作还需要熟悉交通运输部门的要求与制度。例如，发货人与运输部门的交接关系和责任的划分、铁路或航运等运输部门在运输中应负的责任、收货人的责任、铁路或其他运输部门编制普通记录和商务记录的范围、向交通运输部门索赔的手续和必要的证件等。

做好货物接运业务管理的主要意义在于，防止把在运输过程中或运输之前已经发生的物品损害和各种差错带入仓库，减少或避免经济损失，为验收和保管、保养创造良好的条件。

二、专用线接货

专用线接货指仓库备有铁路专用线承担大批量的货物接运。一般铁路专用线都与公路干线联合。在这种联合运输的形式下，铁路承担长距离的货物运输，汽车承担直接面向收货方的短距离的货物运输。

（1）接车卸车准备。接货人员在接到车站到货的预报后，首先确定卸车的位置，力求缩短场内搬运距离，并准备好卸车所需的人力和机具，确保能够按时完成卸车作业。在接到车到站的确切报告后，接货人员要及时赶到现场，引导货车停靠在预定的位置。

> **试一试**
> 画出专用线接货的工作流程图。

（2）卸车前检查及卸车作业。在进行卸货作业前，接货人员要先对车中的货物进行大致的检查以防止误卸，并划清物品运输事故的责任。货物检查无误后，接货人员就可以安排相关人员进行卸车作业了。

（3）卸货后现场进行清理。检查车内货物是否已经全部卸完，然后关好车门、车窗，并通知车站取车。

（4）填写到货台账。到货台账中应该包括到货名称、规格、数量、到货日期、货物发站、发货单位、送货车皮号、货物有无异状等信息。

（5）办理内部交接手续。此时，接货人员应将到货台账及其他有关资料与收到的货物一并交给仓库管理人员，并让仓库管理人员为货物办理入库手续。

三、车站码头提货

由外地托运单位委托铁路、水运、民航等运输部门或邮递货物到达本埠车站、码头、民航、邮局后，仓库依据货物通知单派车提运货物。

（1）安排接运工具。了解货物的特性、单件重量、外形尺寸等情况，选择并安排接运工具。

（2）前往承运单位。接货人员应带领接运人员前往承运单位，准备接货。

（3）出示领货凭证。应向车站出示预先收到的由发货人寄来的领货凭证。如果没有收到领货凭证，也可凭单位证明或在货票存查联上加盖单位提货专用章，将货物提回。

到码头提货的手续与车站稍有不同，接货人员要事先在收到的提货单上签名并加盖单位公章或附上单位提货证明，然后到港口货运处取得货物运单，并到指定的库房提取货物。

> **试一试**
> 画出车站码头提货工作流程图。

（4）检查货物状况。首先应根据运单和有关资料认真核对货物的名称、规格、数量、收货单位等相关信息，然后再仔细对货物进行外观检查。如果发现疑点或有与运单记载不相符合的情况，接货人员应当与承运部门当场检查确认，并让其开具文字证明。

（5）装载并运回货物。对于检查无误的货物，安排装卸人员进行装卸，并将货物运回仓库。

（6）办理内部交接。货物运到仓库后，接货人员要逐一点清，交给接货的仓库管理人员，并办理相应的交接手续。

四、自提货

自提货是指接货人员到供货单位处提货，此时验收与提货同时进行。自提货应按以下要求办理：

（1）提货人员在提货前要了解和掌握所提货物的品名、规格、数量及入库验收的有关要求和注意事项，准备好提货所需的机具。

当供货单位点交所提货物时，提货人员要负责查看货物的外观质量，点验件数和重量，并验看供货单位的质量合格证等有关证件。

（2）现场点交，办理签收手续。货物提运到库后，保管员、提货员、随车装卸工人要密切配合，逐件清点交接。同时核对各项凭证、资料是否齐全，最后由保管员在送货单上签字，并及时组织复验。

> 试一试
> 画出自提货工作流程图。

五、送货到库

送货到库是指供货单位或其委托的承运单位将物品直接送达仓库的一种供货方式。当物品到达后，接货人员及验收人员应直接与送货人员办理接货工作，当面验收并办理交接手续。

如果有差错，应该会同送货人查实，并由送货人出具书面证明、签章确认，以留作处理问题时的依据。

子任务2：物品检验

任务描述

> 查一查
> 货物检验需要遵循哪些基本原则？

供应商丰泰公司为京东商城的重要供应商，2020年6月5日丰泰公司委托德邦物流运输的一批货物到达西安京东"亚洲一号"2号库，货物明细如表3-5所示。

表3-5 德邦物流送货单

接收单位：西安"亚洲一号" 日期：2020年6月5日

序号	货物名称	包装及规格	单位	数量	备注
1	丹凤干红葡萄酒	纸箱 460mm×260mm×252mm	箱	500	易碎
2	散装红星软香酥	周转箱 740mm×560mm×400mm	块	2 000	
3	东北五常长粒米	袋装5kg/袋	kg	500	

送货单位：（盖章）　　　送货员：　　　收货单位：（盖章）　　　收货员：

（1）分析讨论仓库接受物品的凭证种类。
_____
_____

> **想一想**
> 为了保证验收准确严格，所有货物都必须全部验收，这种做法可行吗？为什么？

（2）分析对于实物的验收，货物检验应该验收的方面。
_____
_____

（3）讨论不同计量单位货物应采用的检验方法，并填写表3-6。

表3-6 检验方法分析

货物名称	计量单位	检验方法
丹凤干红葡萄酒	箱	
东北五常长粒米	吨	
天骄优质实木板	立方米	

网络资源

商品验收

在线开放课程平台

知识链接

一、核查入库凭证

1. 入库凭证类型

（1）入库通知单与订货合同。入库通知单和订货合同副本是仓库接受物品的凭证，应与所提交的随货单证及货物内容相符。

（2）供货商单证。主要有送货单、装箱单、磅码单、原产地证明等。

（3）承运人单证。主要是运单，还有普通或商务记录、报关员与提运员交接记录、接运员与送货员交接记录等。

扫一扫

验收的基本要求（文本）

2. 核对相关凭证

在核对凭证时，仓库管理人员要先对上述证件记录内容进行核实，然后再根据这些证件上所示的内容对货物进行逐项核对。

（1）进行证证核对。仓库管理人员在对证件进行核对时，要按照货物运送的过程对应证件进行分类整理，然后根据证件之间的相关性核对各种证件的真实性及准确性。

（2）进行物证核对。核实物品的类别、型号、规格与凭证是否一致。

二、实物验收

（一）检验货物包装

对货物包装的检验是对货物质量进行检验的一个重要环节。货物包装的完整程度及干湿状况与内装货物的质量有着直接的关系。通过观察货物包装的好坏可以有效地判断出货物在运送过程中可能出现的损伤，并据此制定对货物的进一步检验措施。因此，在验收货物时，仓库管理人员需要首先对包装进行严格的检验。主要检查有无被撬、开缝、污染、破损、水渍等不良情况。同时，还要检查包装是否符合有关标准要求，包括选用的材料、规格、制作工艺、标志、打包方式等。另外对包装材料的干湿度也要检查，包装的含水量是影响物品保管质量的重要指标，一些包装物含水量高表明物品已经受损害，需要进一步检验。

（二）验收货物数量

数量验收是保证货物数量准确不可缺少的重要步骤，是在初验的基础上，于质量验收之前做进一步的货物数量验收，即所谓的细数验收。按货物性质和包装情况，数量检验可以分为三种形式，即计件法、检尺求积法和检斤法。

在做数量验收之前，应根据物品来源、包装好坏或有关部门规定，确定对到库货物是采取抽验还是全验方式。一般情况下，数量检验应全验，即按件数交货的全部进行点数，按重量交货的全部检斤，按理论换算重量交货的全部先检尺，后换算成重量，以实际检验的数量为实收数量。如果货物管理机构对全验和抽验有统一规定时，则按规定办理。在进行数量验收时，必须注意同供货方采取相同的计量方法。采取何种方式计数要在验收记录中做出记载，出库时也要按同样的计量方法计数，避免出现误差。

扫一扫
计件货物清点方法（文本）

1. 计件法

计件是按件数供货或以件数为计量单位的货物在做数量验收时清点件数。

一般情况下，计件货物应全部逐一清点。若运输包装（外包装）完好，销售包装（内包装）数量固定，一般不拆包，只清点大包装，特殊情况下可拆包抽查，若有问题可扩大抽查范围，直至全查。固定包装的小件货物如包装完好，打开包装对保管不利，可不拆。

一般情况下，国内货物只检查外包装，不拆包检查；进口货物则按合同或惯例办理。

2. 检尺求积法

检尺求积是对以体积为计量单位的货物，如木材、竹材、沙石等，先检尺、后求体积，所做的数量验收。

3. 检斤法（重量验收）

检斤是对按重量供货或重量为计量单位的货物做数量验收时的称重。金属材料和某些化工产品多半是检斤验收。按理论换算重量供应的货物先要通过检尺，然后按规定的换算方法换算成重量验收。进口货物原则上应全部检斤，但如果订货合同规定理论换算重量交货则按合同规定。所有检斤的物品，都应填写磅码单。

（1）物品的重量。

物品的重量一般有毛重、皮重、净重之分。

毛重是指物品包括包装重量在内的实际重量；皮重是指物品包装的重量；净重是指物品本身的重量，即毛重减去皮重的数。仓库管理中通常所说的物品重量是指物品的净重。

对于那些没有包装或包装所占重量比较小的物品，可以采用对物品直接过磅的方法得到物品的重量。

（2）重量验收标准。

由于不同地区的地心引力差异、磅秤精度差异及运输装卸损耗的因素造成物品过磅时重量数值的差异称为磅差。

$$实际磅差率 = \frac{实收重量 - 应收重量}{应收重量} \times 1000‰$$

$$索赔重量 = 应收重量 - 实收重量$$

仓库管理人员在确定重量验收是否合格时，是根据验收的实际磅差率与允许磅差率的比较来判断的。若实际磅差率未超出允许磅差率范围，说明该批物品合格；若实际磅差率超出允许磅差率范围，说明该批物品不合格。

不同的物品有不同的允许磅差率范围，总的来说，价格越昂贵的物品其允许磅差率的范围就越小。

表3-7是常见金属的允许磅差率范围表，仓库管理人员在实际工作中可以参考。

扫一扫

理论换算法（文本）

表3-7 常见金属的允许磅差率范围

品种	有色金属	钢铁制品	钢材	生铁、废铁	贵金属
允许磅差率	±1‰	±2‰	±3‰	±5‰	±0‰

（三）验收货物质量

货物质量验收就是检验货物质量指标是否符合规定，主要包括外观检验、尺寸精度检验、机械物理性能检验和化学成分检验4种形式。一般仓库只做外观检验和尺寸精度检验，后两者检验如果有必要，由仓库技术管理职能机构取样，委托专门检验机构检验。

仓库对到库货物进行质量检验需根据仓储合同约定来实施，合同没有约定的，按照货物的特性和惯例确定。

对于不需要进行进一步质量检验的货物，仓库管理人员在完成上述检验并判断货物合格后就可以办理入库手续了。对于那些需要进一步进行内在质量检验的货物，仓库管理人员应该通知质量检验部门进行质量检验，待检验合格后才能办理入库手续。

（四）填写验收记录

凡是经过检验的货物都要填写检验报告，如表3-8所示。

表 3-8 检验报告

编号：

供货商			订单号			验收员	
运单号			合同号			验收日期	
发货日期			到货日期			复核员	
序号	物品名称	物品编码	规格型号	计量单位	应收数量	实收数量	差额

三、问题处理

在物品验收过程中，可能会发生诸如单证不齐、数量短缺、质量不符合要求等问题，应区别不同情况，及时处理并填写问题物品处理记录表，如表 3-9 所示。验收中发现问题的物品应单独存放，妥善保管，防止混杂、丢失、损坏。

表 3-9 问题物品处理记录单

常见问题处理	数量溢余	数量短少	品质不合格	包装不合格	规格品类不合格	单证与实物不符
通知供货方						
按实收签收						
维修整理						
查询等候处理						
改单签收						
拒绝收货						
退单退货						

1. 包装问题

在清点大件时发现包装有水渍、玷污、损坏、变形等情况，应进一步检查内部细数和质量，并由送货人开具包装异状记录或在送货单上注明，同时通知保管员单独堆放，以便处理。

2. 数量不符

经验收后发现货物的实际数量与凭证上所列的数量不一致时，应由收货人在凭证上详细做好记录，按实际数量签收，并及时通知送货人和发货方。

仓库在物品验收过程中如发现物品数量与入库凭证不符、质量不符合规定、包装出现异常情况时，必须做出详细记录。同时将有问题的物品另行堆放，并采取必要的措施，防止损失继续扩大，并立即通知业务部门或邀请有关单位现场察看，以便及时做出处理。

3. 质量问题

在与铁路、交通运输部门初步验收时发现质量问题应会同承运方清查点验，并由承运方编制商务记录或出具证明书，作为索赔的依据。如确认责任不在承运方，也应

扫一扫
验收过程中的问题处理
（微课）

做好记录，由承运者签字，以便作为向供货方联系处理的依据。

在拆包进一步验收时发现质量问题，应将有问题的物品单独堆放，并在入库单上分别签收，同时通知供货方，以划清责任。

凡货物质量不符合规定要求的，应及时填写退货单，如表3-10所示，向供货单位办理退货、换货手续或凭"货运记录"向相关责任单位索赔。

表3-10 退货单

厂商：　　　　　　　　　年　月　日　　　　　　　编号：

货物条码	名称	规格	数量	备注	签章
退货理由					

主管：　　　　　　　　　　　　　　　　　　　填表人：

四、办理交接手续

交接手续是指仓库对收到的货物向送货人进行的确认，表示已经接收货物。办理完交接手续，意味着划分清楚运输、送货部门和仓库的责任。完整的交接手续包括如下步骤。

1. 接收物品

仓库通过理货、查验物品，将不良物品剔除、退回或者编制残损单证等明确责任，确定收到物品的确切数量以及物品表面状态完好。

2. 接收文件

接收送货人送交的货物资料、运输的货运记录以及随货在运输单证上注明接收的文件名称、文号等，如图纸、准运证等。

3. 签署单证

仓库与送货人或承运人共同在送货人交来的送货单上签字，并留存相应单证。若送货单与交接清单不一致或物品、文件有差错时，还应附上事故报告或说明，并由有关当事人签章，等待处理。

问题思考与研讨

　　研讨货物验收入库过程中各类问题的处理方式。

_____
_____
_____
_____
_____

能力训练

入库验收方案设计与实施

中储咸阳分公司今接到客户传真发来的入库通知,请相关人员做好入库货位的接运和验收工作。通知如下:

中储咸阳分公司:

根据贵我双方签署的仓储保管合同,我公司现有一批货物委托德邦物流有限公司送至贵公司储存,请安排接收。货物详细信息如下:

入库通知单

入库任务单编号:R2020051201　　　　　　　　计划入库时间:到货当日

序号	商品名称	包装规格/mm (长×宽×高)	单价/ (元·箱$^{-1}$)	重量/ kg	入库量/ 箱	货物标识堆码极限
1	纯悦	400×300×200	60	14.2	49	5
2	海之桐苏打水	350×230×190	60	6.7	39	5
3	七喜	470×265×370	60	10	9	5
4	小茗同学	600×320×250	60	18	18	5

联系人:张敏

电话:029-×××××××

供应商:颐和工贸有限公司

2020年5月21日

货物在运输过程中出现了部分包装破损、变形,少量串货,试讨论如何完成入库准备、验收交接工作,并设计可执行的入库验收方案。

任务二检测单

自我检测

检测题目:学银在线巩固提升测验题

小组检测

检测题目:入库验收方案设计与实施

检测要求:以小组为单位,首先进行方案设计,再在实训室分角色模拟入库验收过程

检测标准:1. 团队合作(5分);2. 方案合理(10分);3. 流程正确(5分);
　　　　　4. 过程模拟真实(10分)

小组互评:_____

教师检测

检测标准:1. 方案合理(10分);2. 流程正确(10分);3. 过程模拟真实(10分)

教师点评:_____

_____

检测评分

自我检测 (40分)	同步测验 (40分)			
小组检测 (30分)	团队合作 (5分)	方案合理 (10分)	流程正确 (5分)	过程模拟真实 (10分)
教师检测 (30分)	标准1. 方案合理(10分)			
	标准2. 流程正确(10分)			
	标准3. 过程模拟真实(10分)			
满分 (100分)				

个人反思

任务三　入库信息处理

任务导入

众物智联物流与供应链集团收到供应商入库货物一批,到货物品为日用品、家用电器等,其中家用电器主要是为近期大促提前备货,已经存储至众物智联物流与供应链集团前置仓(云仓),日用品存储至立体库区。在完成货物交接并上架储存入库后,仓库主管分配仓库管理员王森负责该批货物的入库信息处理工作。那么王森将要进行的入库信息处理主要包括哪些具体事务呢?他需要准备什么单证?他该如何正确填写单证?

想一想
货物入库交接后入库就已经结束,此观点正确吗,为什么?

课前检测：学银在线新手上路测验题

任务描述

扫一扫
泰达物流中心
入库案例
（文本）

（1）扫描左侧二维码，读取泰达物流中心入库案例。

（2）分析讨论货物入库上架后入库信息处理工作的具体内容，并填在表 3-11 中。

表 3-11　入库信息处理

工作名称	工作内容	单证/资料	注意事项
填写入库单			
登记明细账			
设置保管卡			
建立物品档案			

（3）请以泰达物流中心仓管员身份准备空白入库单、空白明细账、空白保管卡。

（4）正确填写入库单、明细账。

网络资源

入库单　　　　商品保管卡　　　　在线开放课程平台

知识链接

一、填写入库单

扫一扫
填写入库单
（微课）

入库单是仓库统一设置的记录入库货物的单证，应包括货物的名称、编号、实际验收数量、存放货位等内容。仓库保管员根据入库货物验收结果据实填写入库单并签收。在填写入库单时，仓库管理人员应该做到内容完整、字迹清晰，并于每日工作结束后，将入库单的存根联整理好统一保存，以便记账、查货、发货。

在实际中每个企业的入库单格式不完全一样。有的简单，有的复杂，有些还需要注明供货单位、采购价格、结算方式等，所以视企业的不同需求而有区别。

二、登记明细账

为了便于对入库货物的管理,正确地反映货物的入库、出库及结存情况,并为对账、盘点等作业提供依据,仓库管理人员要建立并登记实物明细账,以记录库存物品动态。

登账的主要内容有:货物名称、规格、数量、累计数或结存数、存货人或提货人、批次、金额、货位号、接(发)货经办人。

(一) 账册类型

实物明细账可分为无追溯性要求的普通实物明细账和有追溯性要求的库存明细账两种。

1. 普通实物明细账

对只须反映库存动态的货物,如进入流通的货物或企业内的工具、备品备件等,可采用普通实物明细账记账,如表3-12所示。

表3-12 物品明细账

品 名			规格型号			
单 位			供货商名称			
年 月 日	收发凭证号		摘要	入库数量	出库数量	结存数量

扫一扫

登记明细账
(微课)

2. 库存明细账

对有区分批次和有追溯性要求的货物,如企业生产所需的零部件、原材料等,可采用有可追溯性的库存明细账记账,如表3-13所示。

表3-13 库存明细账

存货名称:		存货编号:		规格:		计量单位:		库区:	
年 月 日	凭证号	摘要		收入		发出		结存	
			批号	数量	批号	数量	批号	数量	

(二) 登账的方法

为了保证实物明细账的准确性、可用性,仓库管理人员在填写账册时要做到实事求是,依据合法的凭证,掌握正确的记录方法,并采用恰当的书写方式。

1. 登记凭证

仓库管理人员登记实物明细账时必须以正式合法的凭证,如货物入库单和出库单、领料单等为依据。

2. 记录方法

仓库管理人员在记账时应依时间顺序连续、完整地填写各项记录，不能隔行、跳页，并对账页一次编号，在年末结存转入新账后，旧账页应该入档妥善保管。

3. 书写要求

仓库管理人员在记账时应该使用蓝、黑墨水笔，并注意书写内容的工整清晰，数字最好只占空格的 2/3，以便于改错。

当发现记账错误时，不得乱擦、挖补、涂抹或用其他药水更改字迹，而应在错处画一条红线，表示注销，然后在其上方填上正确的文字或数字，并在更改处加盖更改者的印章，红线画过后的原来字迹必须仍可辨认。

三、设置货卡

货卡，又叫料卡，它是一种实物标签，是仓库管理人员管理货物的"耳目"。货物入库后，将货物名称、规格、数量或出入库状态等内容填在料卡上，称为立卡。

（一）货卡的种类和内容

货卡按其作用不同可分为状态卡和保管卡。

1. 状态卡

状态卡是用于表明货物所处业务状态或阶段的标识。根据 ISO-9000 国际质量体系认证的要求，在仓库中应根据货物的状态，按可追溯性要求，分别设置待检、待处理、不合格和合格等状态标识（图 3-3）。

图 3-3 状态卡

2. 保管卡

保管卡包括标识卡和储存卡。

标识卡用于表明货物的名称、规格、供应商和批次等。根据 ISO-9000 国际质量体系认证的要求，在仓库中应根据不同供应商和不同入库批次，按可追溯性要求，分别设置标识卡。

储存卡是用于表明货物的入库、出库与库存动态的标识，如图 3-4 所示。

对于设置了专门的待检区、待处理区、合格产品区、不合格产品区的仓库，设置保管卡时可以省略货物的状态；为了便于对货物存量进行控制及管理，可以在保管卡上增加估计用量、安全库存等信息。

仓库管理人员可以根据仓储业务，对保管卡的具体内容做适当调整。保管卡采用

扫一扫
设置保管卡
（微课）

品名_____			规格_____		
年		摘要	收入数量	发出数量	结存数量
月	日				

图 3-4 储存卡

何种形式应根据仓储业务需要来确定。

（二）货卡的放置

货卡便于仓库管理人员随时与实物核对，有利于进、出库作业的及时进行，从而达到减少差错的发生、提高仓库作业效率的目的。为了使货卡充分发挥作用，仓库管理人员在设置货卡时需要注意以下两个问题。

1. 选择恰当的放置位置

货卡一般悬挂在上架物品的下方或放在物品堆垛物品的正面，悬挂位置要明显、牢固，并便于随时填写。

2. 及时更新内容

使用货卡时，仓库管理人员要根据作业的内容，及时更新货卡上的内容。

当新物品入库时，要为其设置专门的货卡；当物品入库、出库、盘点后，要立即在卡上的相关位置填写具体信息；当某物品清库后，要将货卡收回，并放置于该物品的档案中。

> 做一做
> 为实训室货物立卡。

四、建立物品档案

建档是对货物入库、出库作业全过程的相关资料的整理、核对，建立档案。

（一）收集档案资料

1. 入库时的资料

（1）货物出厂时的各种凭证和技术资料，如物品技术证明、合格证、装箱单、发货明细表等。

（2）货物运输过程单据、普通记录或货运记录、公路运输交接单等；

（3）货物验收入库的入库通知单、验收记录、磅码单、技术检验报告等。

2. 保管时的资料

包括货物入库保管期间的检查、保养、损益、变动等情况的记录，以及库内外温湿度记载及对物品的影响情况。

3. 出库时的资料

物品出库时的凭证，如领料单、出库单、调拨单等。

（二）建档工作要求

（1）应一物一档：建立货物档案应该是一物（一票）一档。

（2）应统一编号：货物档案应进行统一编号，并在档案上注明货位号，同时在实物保管明细账上注明档案号，以便查阅。

（3）应妥善保管：货物档案应存放在专用的柜子里，由专人负责保管。

问题思考与研讨

仓库入库信息处理工作的意义与内容是什么？

能力训练

货物入库手续办理

颐和工贸有限公司的入库任务均已完成，请理货员就入库货物办理入库交接手续及信息处理工作。

第一步：接收文件。

仓管员接收送货人员的送货单、货运记录单、运单等相关单证。

第二步：签署单证。

仓管员与送货人员或承运人员共同在送货单、到货接收单、入库验收单、拒收单等单证上签字，并留存相应底联，给送货人员返回一联。单证上必须明确显示收到的货物数量、状态，验收不合格的数量及原因、拒收原因及处理情况。

第三步：登账。

仓管员为入库任务中入库储存的货物建立保管明细账。

第四步：建档。

仓管员为入库任务中入库储存的货物、客户建立存货档案，仔细整理货物入库的单证、报表等资料，将其统一编号，装订存档，妥善保管。

要求：以小组为单位，首先通过讨论确定方案，再在实训室分角色模拟入库信息处理过程。

任务三检测单

自我检测

检测题目：学银在线巩固提升测验题

小组检测

检测题目：货物入库手续办理
检测要求：以小组为单位，首先确定方案，再在实训室分角色模拟入库信息处理过程
检测标准：1. 团队合作（5分）；2. 单证规范（10分）；3. 流程正确（5分）；
　　　　　4. 过程模拟真实（10分）
小组互评：_____

教师检测

检测标准：1. 方案合理（10分）；2. 单证填写准确规范（10分）；3. 流程正确（10分）
教师点评：_____

检测评分

自我检测 （40分）	同步测验 （40分）			
小组检测 （30分）	团队合作 （5分）	单证规范 （10分）	流程正确 （5分）	过程模拟真实 （10分）
教师检测 （30分）	标准1. 方案合理（10分）			
	标准2. 单证填写准确规范（10分）			
	标准3. 流程正确（10分）			
满分 （100分）				

个人反思

改错	重点内容回顾

小结

项目四
物品在库作业

【学习目标】

- **知识目标**
1. 能够说出物品堆码的原则、货垛的"五距"要求
2. 可以辨别不同形式的堆码方法和苫垫方法
3. 理解仓库温湿度的变化规律和控制方法
4. 理解 ABC 分类法的原理和步骤以及不同类别管理措施的差异
5. 能够描述定量订货法和定期订货法的原理和库存变化过程
6. 能够说明盘点工作内容,理解期末盘点和循环盘点两种方法的使用

- **技能目标**
1. 具有在普通仓库中进行箱装和袋装货物堆码和苫垫作业的能力
2. 具有利用检测仪器对仓库温湿度进行测量,并根据货物储存要求进行调节和控制的能力
3. 具有通过搜集和整理数据,进行 ABC 分类计算,并对各类别货物进行差异化管理的能力
4. 能够根据仓库货物的特点,选择合适的库存管理方法,进行库存控制
5. 具有进行库存盘点作业,并进行盘点盈亏的处理的能力

- **素质目标**
1. 通过小组合作,培养学生的团队合作精神
2. 培养学生对工作一丝不苟、对物流技术精益求精的品格
3. 通过库存控制原理,培养学生的成本和节约意识

【内容架构】

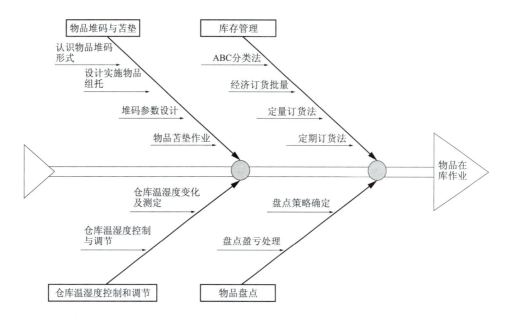

课堂笔记 【引入案例】

金康医疗用品公司的库存管理

金康医疗用品公司主营进口产品有26个品种，69个客户购买其产品，年营业额达上亿元人民币。由于该公司进口产品交货期较长，库存占用资金大，因此，库存管理显得尤为重要。

该公司将26个产品划分为ABC三类：排序在前3位的产品占到总销售额的97%，因此把它们归为A类产品；排序4~7的产品每种产品的销售额在0.1%~0.5%，把它们归为B类；其余的20种产品归为C类。

对于A类产品，该公司实行连续性检查策略，每天检查库存情况，随时掌握准确的库存信息，进行严格的控制，在满足客户需要的前提下维持尽可能低的库存量和安全库存量。

对于B类产品的库存管理，该公司采用周期性检查策略。每个月检查库存并订货次，目标是每月检查时保证后2个月的销售数量在库里，另外在途中还有1个月的预测量。每月订货时再根据当时剩余的实际库存数量决定需订货的数量。这样就会使B类产品的库存周转率低于A类。

对于C类产品，该公司采用定量订货的方式。根据历史销售数据得到产品的半年销售量为该产品的最高库存量，将其2个月的销售量作为最低库存。一旦库存达到最低库存时就订货，将其补充到最高库存量，这种方法比前两种更省时间，但库存周转率更低。

该公司实行了产品库存的ABC管理以后，虽然A类产品的管理占用了最多的时间、精力，但得到了满意的库存周转率。而 B 类和 C 类产品虽然库存的周转率较慢，但相对于其很低的资金占用和很少的人力支出来说，这种管理也是种好方法。

思考：
1. 该公司将产品分为了哪几类进行管理？
2. 这种分类方式的优点是什么？
3. 该公司怎样对 A、B、C 三类产品进行库存控制？
4. 如何有效地提高库存周转率？

任务一　物品堆码与苫垫

任务导入

西安人人乐配送中心主要为西北地区人人乐连锁超市提供配送服务，共有 3 个仓库，其中一号仓库主要存放快速消费品。今天人人乐配送中心收到供应商冰峰公司发来的入库通知，预计物品后天早上 10 点到达，请为将要到达的物品设计就地堆码方案，物品明细如下：

货品名称：冰峰汽水数量 4 000 箱　　包装材料：塑料周转箱

重量：75 千克　　外形尺寸：L500mm × B500mm × H250mm

物品本身限制允许叠堆 16 层高。仓库地坪承载能力为 3 t/m²，仓库可用高度为 5.2m，货垛长度和宽度方向限制分别为 5m 和 2.5m。

至少需要多大的储存面积？计划堆成的货垛的垛长、垛宽及垛高各为多少箱物品？

课前检测：学银在线新手上路测验题

子任务 1：认识物品堆码形式

课堂笔记

任务描述

（1）实地调研或利用网络查询仓库货物堆码的图片（至少五种），并说说仓库物品堆码的重要意义。

_____
_____
_____
_____

(2) 为什么对物品要进行合理的堆码？结合具体货品讨论堆码的方式及特点并填入表 4-1 中。

表 4-1 堆码方式及特点分析

序号	物品	堆码方式	特点
1	散装粮食		
2	盒装药品		
3	托盘装货品		
4	筐装蔬菜		

网络资源

仓库货物堆码技巧　　　　在线开放课程平台

知 识 链 接

一、堆码及其重要意义

（一）堆码的定义

堆码就是将货物整齐、规则地摆放成货垛的作业（《中华人民共和国国家标准——物流术语》）。根据货物的特性、形状、轻重及包装质量等因素，结合仓库储存条件，将货物堆码成一定的货垛，就是堆码。

（二）堆码的重要意义

1. 对货物质量具有一定的保护作用

正确的堆码方式可以减少货物堆放时造成的损坏，便于识别和检查货品质量。

2. 提高仓库的空间利用率

合理的堆码能够有效利用库房容积，从而提高仓库的空间利用率。

3. 实现装卸机械化，提高装卸效率

科学的堆码可实现装卸作业单元化，防止装卸搬运中货物的掉落，从而节省装卸搬运时间，提高装卸作业效率。

二、堆码的原则

1. 分类存放

分类存放是仓库存储规划的基本要求，是保证货物质量的重要手段，也是堆码要遵循的基本原则。具体包括以下几点：

①不同类别的货物需要分类存放，甚至需要分区分库存放。
②不同规格、不同批次的货物也要分位、分堆存放。
③残损货物要与原货分开。
④对于需要分拣的货物，在分拣之后应分位存放，以免混串。
⑤此外，分类存放还包括不同流向的货物、不同经营方式货物的分类分存。
⑥同一品种物品在同一地方保管。

2. 选择适当的搬运活性

为了减少作业时间、次数，提高仓库物流速度，应根据货物作业的要求合理选择搬运活性。

3. 面向通道、不围不堵

一是所有货物的货垛、货位都要一面与通道相连，处在通道旁，以便能对其进行直接作业；二是货垛以及存放货物的正面，尽可能面向通道，以便查看；三是仓库通道与堆垛之间保持适当的宽度和距离，提高货物装卸的效率。

4. 利用仓库空间实现立体储存

有效利用库内容积，尽量向高处码放。同时，为防止破损、保证安全，应当尽可能多地使用货架等立体储存设备。

5. 先进先出原则

对于易变质、易破损、易腐败的货物与机能易退化、老化的货物，应尽可能按先进先出的原则，加快周转。

6. 确保稳固，注意上轻下重

安排放置场所时要把重的货物放在货架下边，把轻的货物放在货架的上边。需要人工搬运的大型货物则以腰部的高度为基准。堆码时要适当选择垛底面积、堆垛高度和衬垫材料，提高货垛的稳定性，保证堆码的牢固、安全，不偏不歪、不倚不靠和货物不受损害。

7. 根据出库频率选定位置

出货和进货频率高（物动量大）的货物应放在靠近出入口、易于作业的地方；流动性差（物动量小）的货物放在距离出入口稍远的地方；季节性货物则依其季节特性来选定放置的场所。

扫一扫

堆码的要求
（文本）

8. 货垛整齐有序

堆垛排列整齐有序，同类货物垛形统一，形成良好的库容。货垛横成行、纵成列，物品包装上的标志一律朝外，便于查看与拣选。

9. 定量存放，便于点数

为了方便检查和盘点，能够使库管员过目成数，在堆码时，垛、行、列、层、包等数量力求整数，每垛应有固定的数量，通常采用"五五堆码"，即每垛按5或5的倍数存放。

对于某些过磅称重物品不能成整数时，应该明确标出重量、分层堆码，或成捆堆码，定量存放。

10. 依据形状安排保管方法

依据货物形状来保管也是很重要的，如标准化的物品应放在托盘或货架上来保管。

三、普通货物的堆码方式

根据货物的包装方式、形状等特点，普通货物堆码方式可分为散堆方式、货架方式、成组堆码方式、垛堆方式四种（图4-1）。

（a）散堆方式

（b）货架方式

（c）成组堆码方式

（d）垛堆方式

图4-1　普通货物堆码方式

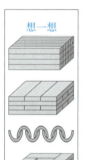

想一想

说出以上各图的堆码方式。

1. 散堆方式

散堆方式就是将无包装的散货在库场上堆成货堆的存放方式，特别适用于大宗散货，如煤炭、矿石、散粮和散化肥等，也可适用于库内的少量存放的谷物、碎料等散装物品。这种堆码方式简便，便于采用现代化的大型机械设备，节省包装费用，提高仓容的利用率，降低运费，因此是目前物品库场堆存的一种趋势。

2. 货架方式

货架方式是采用通用或者专用的货架进行物品堆码的方式，适合于存放小件物品或不宜堆高的物品。货架能够提高仓库的利用率，减少物品存取时的差错。

3. 成组堆码方式

成组堆码方式是采用成组工具（托盘、集装箱、吸塑等）先将货物组成一组，使其堆存单元扩大，从而可以用装卸机械成组搬运、装卸、堆码。成组堆码一般每垛3~4层，这种方式可以提高仓库利用率，实现安全搬运和堆存，提高劳动效率，加快流转。

4. 垛堆方式

垛堆方式指对有包装的物品（如箱、桶、袋、箩筐、捆、扎等）或长、大件物品进行堆码。垛堆方式能够增加货垛的高度、提高仓库利用率，能够根据货物的形状和特性和货位的实际情况，把货垛堆码成各种形式，以利于保护货物。

根据货物的独有特性，如形状、面积、体积、包装方式等，常见的垛堆方法有重叠式堆码、纵横交错式堆码、仰伏相间式堆码、压缝式堆码、通风式堆码、栽柱式堆码、衬垫式堆码、宝塔式堆码。

（1）重叠式

重叠式也称直堆法，是逐件、逐层向上重叠堆码，一件压一件的堆码方式，各层堆码方式相同，上下对应，层与层之间不交错堆码。该方法优点是操作简单，工人操作速度快，包装物四个角和边重叠垂直，承压能力大，便于计数；缺点是层与层之间缺少咬合，稳定性差，容易发生塌垛。该方法适用于袋装、箱装、箩筐装物品以及平板、片式物品等，且适合较大底面积货物的自动堆垛操作。

（2）纵横交错式

纵横交错式堆码是指每层物品的排列方向都与前一层相垂直，一层横向放置，另一层纵向放置，逐渐向上堆放的堆码方式。该方法优点是操作相对简单，层次之间有一定的咬合度，稳定性比重叠式好；缺点是咬合强度不够，稳定性不够好。该堆码方法主要适用于管材、捆装、长箱装等货物的堆码。

（3）仰伏相间式

对上下两面有大小差别或凹凸的货物，如槽钢、钢轨等，可以将物品仰放一层再伏放一层，采用仰伏相向相扣的方式堆垛。该垛型极为稳定，但操作不便。

（4）压缝式

压缝式堆码是指将底层货物并排摆放，上层货物放在下层两件货物之间的堆码方式。

（5）通风式

通风式堆码是指货物在堆码时，任意两件相邻的货物之间都留有空隙，以便通风。该种堆码方式的层与层之间采用压缝式或者纵横交错式的方法。通风式堆码可以用于所有箱装、桶装以及裸装物品的堆码，可以起到通风防潮、散湿散热的作用。

（6）栽柱式堆码

码放前先在堆垛两侧栽上木桩或者铁棒，然后将货物平码在桩柱之间，码放几层后用铁丝将相对两边的柱拴连，再往上摆放货物的方法叫做栽柱式堆码。此码法适用于棒材、管材等长条状物品。

（7）衬垫式

衬垫式堆码是指在码垛时隔层或隔几层铺放衬垫物，衬垫物平整牢靠后再往上码放货物。该方法适用于形状不规则且较重的物品，如无包装电机、水泵等。

（8）宝塔式

宝塔式堆码是指在码垛时，每堆一层相应地减少货物，直到减至不能继续堆放。这样的堆码方式比较牢固，稳定性较高。

扫一扫

有特殊要求物品的堆码方式（文本）

子任务 2：物品组托作业设计和实施

任务描述

2020 年 5 月 8 日，惠达物流公司客服接到供应商物美集团发来的入库通知单，货物已放至配送中心 1 号库收货处，等待入库。入库通知单明细如表 4-2 所示。

表 4-2 惠达物流公司入库通知单

序号	商品名称	规格/mm	单价/元	重量/kg	数量/箱	备注
1	婴儿湿巾	498×333×180	100	7	27	
2	德胜麦克风	460×265×300	680	20	18	
3	联想电源适配器	400×300×240	1890	25	30	
	合计				75	

惠达物流公司的重型货架为 1 排 6 列 3 层，双货位，单货位承重≤500kg。
货位参考尺寸如下：
第一层：L1 125×W1 000×H1 010（mm）
第二层：L1 125×W1 000×H1 040（mm）
第三层：L1 125×W1 000×H960（mm）

惠达物流公司使用的是川字形塑料托盘，托盘规格是 1 000×1 200×160（mm），托盘重量是 20kg/个，请根据入库任务单及惠达物流公司的实际情况绘制货物组托示意图。

任务要求：
（1）奇偶压缝合理。
（2）货位承载满足货物承重要求。
（3）用 Word 绘图功能按照比例尺 1∶20 绘制示意图。
（4）画出托盘码放的奇数层俯视图和偶数层俯视图。
（5）在图上标出托盘的长、宽尺寸（以 mm 为单位）。
（6）用文字说明每种商品所需托盘的个数和每个托盘的堆码层数。
（7）以淡蓝色填涂托盘上的货物。
（8）托盘码放时，货物包装物边缘不允许超出托盘边缘每边 20mm。
（9）在实训室进行组托作业实操。

> **读一读**
> 全国通用的托盘国际标准分别是：
> 1 200mm×1 000mm
> 1 200mm×800mm
> 1 219mm×1 016mm
> 1 140mm×1 140mm
> 1 100mm×1 100mm
> 1 067mm×1 067mm

网络资源

《托盘单元化物流系统通用
技术条件》解读

在线开放课程平台

知识链接

一、组托的概念

组托就是为了提高托盘利用率和仓库空间利用率并方便库内装卸搬运,以托盘为载体把单件商品单元化的过程。

二、货物组托的要求

(1) 堆码整齐。
(2) 货物品种不混堆,规格型号不混堆,不同生产厂商不混堆,批号不混堆。
(3) 堆码合理、牢固。要求奇偶压缝、旋转交错、缺口留中、整齐牢固。
(4) 不能超出货架规定的高度。
(5) 货物包装物边缘不允许超出托盘边缘20mm。
(6) 货物不允许出现倒置情况。

三、组托的方式和方法

在仓储作业中,可进行同一规格的单品组托,也可进行不同规格的多品组托。单品组托比较容易做到整齐、美观、牢固,但较难做到托盘利用率的最大化;多元组托由于存在不同规格的包装物组合码放,托盘的空间较容易最大化,但难以做到整齐、美观、牢固,而且需要给予适当合理的加固。

常用的单品组托方法有以下3种。

1. 重叠式

重叠式指各层码放方式相同,上下对应,层与层之间不交错堆码,如图4-2所示。

扫一扫

重叠式堆码过程(动画)

(a) 主视图　　　　(b) 奇数层俯视图　　　　(c) 偶数层俯视图

图4-2　重叠式

优点：操作简单，工人操作速度快，适于自动化码盘，包装物四个角和边重叠垂直，承压能力大。

缺点：层与层之间缺少咬合，稳定性差，容易发生塌垛。

2. 正反交错式

正反交错式指每一层与相邻两边的包装体互为 90 度，同一层上下两层的堆码相差 180 度，如图 4-3 所示。

优点：不同层间咬合强度较高，相邻层次之间不重缝，稳定性较高。

缺点：操作较麻烦，人工操作速度慢。

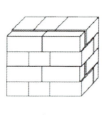
（a）主视图

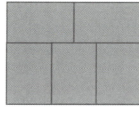
（b）奇数层俯视图

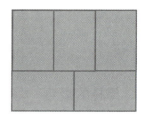
（c）偶数层俯视图

图 4-3　正反交错式

3. 旋转交错式

旋转交错式指同一层中不同列货品以 90 度垂直码放，相邻两层货物码放形式旋转 180 度，如图 4-4 所示。

优点：相邻两层之间咬合交叉，托盘货物稳定性较高，不容易塌垛。

缺点：堆码难度大，中间形成空穴，降低托盘利用效率。

（a）主视图

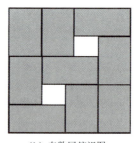
（b）奇数层俯视图

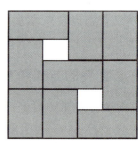
（c）偶数层俯视图

图 4-4　旋转交错式

四、货物组托示意图的类型

（1）主视图：指从正前方观察组托货物所绘制的示意图。

（2）俯视图：指从上方观察组托货物所绘制的示意图（注意最后一层的货物摆放）。

（3）奇数层俯视图：指第 1、3、5…层的货物摆放示意图。

（4）偶数层俯视图：指第 2、4、6…层的货物摆放示意图。

五、组托加固的方式和方法

为了保证托盘上的货物在装卸搬运和储存过程中不散落，需要对组合码放好的托盘进行加固处理。最常用的加固处理方法是用拉伸膜加固和包装带加固，或者选择柱式托盘和箱式托盘。

六、托盘与叉车、货架等配合使用应注意的问题

（1）液压车和叉车在使用托盘过程中，叉齿之间的距离应尽量放宽至托盘的进叉口边缘，进叉深度应大于整个托盘深度的 2/3 以上。

（2）液压车和叉车在使用托盘运动过程中，应保持匀速度进退和上下，避免急刹、急转引起托盘受损、造成货物倒塌。

（3）托盘上货架时，应保持托盘在货架横梁上平稳放置，托盘长度应大于货架横梁外径 50mm 以上。

七、组托方案设计

1. 确定码放规则

托盘每层最多摆放数量 = 托盘面积/货物底面积。

根据托盘面积计算出每层最多码放箱数作为参考，实际每层最多码放数量要根据货物组托要求和组托方式来决定。

实现托盘利用率最大化，并尽量做到奇偶层间压缝，做到整齐、牢固、美观。

2. 确定码放层数

码放层数 =（货架每层高度 – 货架横梁高度 – 托盘厚度 – 叉车上架作业空间）÷ 货物外包装高度（取值为小于该计算结果的最大整数）

通常，叉车上架时的作业空间≥90mm。

扫一扫
货物组托作业
（微课）

3. 每托最多码放数量

每托最多码放数量 =（货位承重 – 托盘重量）/单体毛重（取值为小于该计算结果的最大整数）

4. 确定所需托盘数量

该批物品所需托盘数 = 物品总量/单位托盘码放数量（取值为大于该计算结果的最小整数）

5. 绘制组托示意图

用文档工具或专业绘图工具绘制示意图，托盘尺寸和货物尺寸按比例绘制，并在图中标识。

6. 为示意图配上合适的文字说明

用文字说明每种商品所需托盘的个数和每个托盘的堆码层数。

扫一扫
绘制组托图
（微课）

子任务3：堆码参数设计

任 务 描 述

2020年5月10日，友藏天下仓储中心收到供货商发来入库通知单，计划到货时间为5月11日上午10点，具体信息如表4-3所示。

表4-3 入库通知单

品名	包装规格	包装材质
五金工具	400mm×300mm×600mm	松木
单体毛重	包装标识限高	数量
60kg	6层	2 500箱

任务：

（1）如果此批货物入库后码垛堆存，请问至少需要多大面积的储位？

（2）如果仓库地坪荷载为2.5t/m^2，库高为6m，可用宽度受限也为6m，请问计划堆成的货垛的垛长、垛宽及垛高各为多少箱？（注：垛形要求为重叠堆码的平台垛）

（3）请画出垛堆示意图。

网 络 资 源

在线开放课程平台

知 识 链 接

一、货垛的技术参数

（一）货垛高度

货垛的垛高会直接影响仓库的容量、安全及货垛的稳定性。普通物品货垛的垛高主要取决于物品的性质与包装；轻泡物品的垛高主要受仓库空间高度的影响；重货的垛高受仓库地坪载荷的影响。所以在确定垛高时要综合考虑仓库空间的高度、仓库地坪设计载荷及物品自身特性和包装对垛高的要求。

$$H = \min\{H_{地坪}, H_{货高}, H_{库高}\}$$

式中：H——货垛高度；

$H_{地坪}$——地坪载荷允许货垛高度；

$H_{货高}$——货物包装允许货垛高度；

$H_{库高}$——仓库空间允许货垛高度。

实际货垛最大高度 H 由 $H_{地坪}$、$H_{货高}$、$H_{库高}$ 三个指标共同确定，选用三者中的最小值，才能在保证库场地坪安全及物品不被压坏的前提下实现仓库空间利用最大化。

对于形状一致的箱装物品，其可堆码层数的确定方法如下。

1. 地坪载荷允许货垛高度（单位：层）的确定

如果以一件物品来计算，则：

$$H_{地坪} = 仓库地坪每平方米核定载重量 / 单位面积物品重量$$

其中，单位面积物品重量 = 每件物品的毛重 / 物品的底面积

如果以整垛物品来计算，则：

$H_{地坪}$ = 整垛货物实占面积 × 仓库地坪每平方米核定载重量 /（每层物品件数 × 每件物品毛重）

2. 仓库空间允许货垛高度（单位：层）的确定

$$H_{库高} = 仓库可用高度 / 每件物品的高度$$

（二）底层排列和占地面积

1. 底层排列

计算出货垛高度后进行货垛底层排列。底层排列主要是进行底层数的计算。对于规格整齐、形状一致的箱装物品，可在确定出物品的堆码层数之后确定底层物品的数量，最后再确定货垛底层的排列方式。物品堆码时，底层货品的数量可由下式初步计算：

$$底层货品数量 = 该批货品总件数 / 可堆层数$$

2. 占地面积

（1）箱装、规格整齐划一、计件的商品可用以下公式：

$$占地面积 = 总件数 / 总层数 × 每件商品的底面积$$

（2）计重商品的计算公式：

$$占地面积 = 总重量 × 每件商品的底面积 /（总层数 × 每件商品毛重）$$

（三）垛形

垛形是指货垛的外部轮廓形状，一般按货垛的立面形状可分为矩形、三角形、梯形、半圆形等。

1. 矩形货垛

矩形货垛或称为平台垛，是先在底层以同一个方向平铺摆放一层物品，然后垂直继续向上堆积，每层物品的件数、方向相同，垛顶呈平面，垛形呈长方体（图4-5）。实际操作时从一端开始，逐步后移。

矩形货垛适用于同一包装规格整份批量物品，如包装规则、能够垂直叠放的方形箱装物品、大袋物品、规则的成组物品、托盘成组物品等。

扫一扫

堆码高度确定（案例）

想一想

矩形垛、三角形垛、梯形和半圆形垛各有什么优点和缺点？

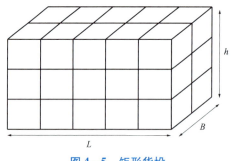

图 4-5 矩形货垛

矩形货垛具有整齐、便于清点、占地面积小、方便堆垛操作的优点。但矩形垛不具有很强的稳定性,特别是硬包装、小包装的物品有货垛端头倒塌的危险,所以在必要时(如太高、长期堆存、端头位于主要通道等)要在两端采取一定的加固措施。对于堆放很高的轻质物品,往往在堆码到一定高度后向内收半件物品后再向上堆码,从而使货垛更加稳固。

> 想一想
> 不同垛形在货垛稳定性上有哪些差异?

2. 三角形货垛

三角形货垛又称为起脊垛,即先按矩形货垛的方法码垛到一定的高度,以卡缝的方式将每层逐渐缩小,最后使顶部形成屋脊形(图4-6)。三角形货垛是堆场场地堆货的主要垛形,货垛表面的防雨遮盖从中间起向下倾斜,方便排泄雨水,防止水湿物品。

三角形货垛由于顶部压缝缩小以及形状不规则,造成清点物品不便。另外,由于起脊的高度使货垛中间的压力大于两边,因而采用三角形货垛时库场使用定额要以脊顶的高度来确定,以免中间底层物品或库场被压坏。

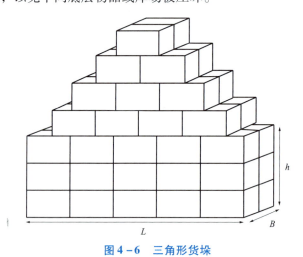

图 4-6 三角形货垛

3. 梯形货垛

梯形货垛又称为立体梯形垛,它是在最底层以同一方向排放物品的基础上向上逐层同方向减数压缝堆码,垛顶呈平面,整个货垛呈下大上小的立体梯形状(图4-7)。梯形货垛适用于包装松软的袋装物品和上层面非平面而无法垂直叠码物品的堆码,如横放的卷形、桶装、捆包物品。梯形货垛极为稳固,可以堆放得较高,充分发挥仓容利用率。

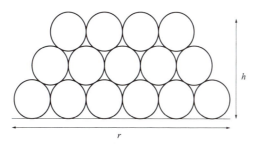

图 4-7 梯形垛

为了增加梯形货垛的空间利用率，在堆放可以立直的筐装、矮桶装物品时，底部数层可以采用矩形货垛的方式堆放，在码放一定高度后再使用梯形货垛。

二、货垛的"五距"

物品堆码时要确保"五距"要求，"五距"即墙距、柱距、顶距、灯距和垛距。堆码时，不能倚墙，不能靠柱，不能碰顶，不能贴灯，不能紧挨旁边的货垛，必须留有一定的间距。货垛"五距"的确定要严格遵守《中华人民共和国消防法》《危险品安全管理条例》的要求，不要随意修改。

1. 墙距

为了防止库房墙壁和货场围墙上的潮气对物品的影响，也为了开窗通风、消防工作、建筑安全、收发作业，货垛必须留有墙距。墙距分为库房墙距和货场墙距，其中，库房墙距又分为内墙距和外墙距。内墙是指墙外还有建筑物相连，因而潮气相对少些；外墙则是指墙外没有建筑物相连，所以墙上的湿度相对大些。库房的外墙距不小于 0.5m，内墙距不小于 0.3m；货场只有外墙距，一般为 0.8~3m。

2. 柱距

为了防止库房柱子的潮气影响货物，也为了保护仓库建筑物的安全，必须留有柱距，一般为 0.2~0.3m。

3. 顶距

货垛堆放的最大高度与库房、货棚屋顶间的距离称为顶距。顶距能便于搬运作业，能通风散热，有利于消防工作，有利于收发、查点。平房仓库顶距不小于 0.3m；人字形库房以屋架下弦底为货垛的可堆高度，即垛顶不可以触梁；多层库房底层与中层的顶距不小于 0.3m，顶层须大于或等于 0.5m。

4. 灯距

货垛与照明灯之间的必要距离称为灯距。为了确保储存货物的安全，防止照明灯发出的热量引起靠近货物的燃烧而发生火灾，货垛必须留有灯距。灯距严格规定不少于 0.5m。

5. 垛距

货垛与货垛之间的必要距离称为垛距，常以支道作为垛距。垛距能方便存取作业，起通风、散热的作用，方便消防工作。库房垛距一般不小于 0.5m；货场垛距一般不少于 1.5m。

库房"五距"如图4-8所示。

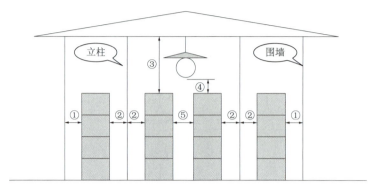

①墙距；②柱距；③顶距；④灯距；⑤垛距

图4-8 库房"五距"

子任务4：物品苫垫作业

任务描述

2020年5月10日，大丰仓储公司收到杏林居家家具公司原木一批，存储时间为1个月，其间按照家具公司生产计划逐批配送，大丰仓储公司计划使用货物堆场进行存放，原木相关信息如表4-4所示。

表4-4 原木信息

品名	规格	数量	单位重量	备注
原木	$R\,40cm,L\,5m$	2 000根	80kg	堆码层数不超过6层，防止日晒雨淋

任务：
(1) 确定原木的堆码垛形。
(2) 按照堆垛相关要求，计算所需面积。
(3) 确定垫垛方法，选择垫垛材料，制定垫垛要求。
(4) 确定苫盖方法，选择苫盖材料，制定苫盖要求。

网络资源

商品苫垫

在线开放课程平台

知 识 链 接

苫垫是指用某种材料对货物进行苫盖和铺垫的操作和方法。物品在储存保管中进行合理的上盖和下垫是保护货物质量的必要措施。

苫垫是否合理关系到储存货物的安全与质量，在具体选择苫垫方式时应根据货物的性能、季节气候的变化以及是否便于管理来确定。

扫一扫

物品的苫盖
（微课）

一、物品的苫盖

苫盖是指采用专用苫盖材料对货垛进行遮盖，以减少自然环境中的阳光、雨水、冰雪、风、露水、霜降、灰尘与潮气等对货物的侵蚀、损害，并使货物由于自身理化性质所造成的自然损耗尽可能减少，保护其在储存期间的质量。特别是在露天存放的码垛，一般都应进行妥善的苫盖，以避免物品受损。需要苫盖的物品在堆垛时应根据物品的特性、储存期的长短、存放货场的条件，注意选择苫盖材料，如图4-9所示。

图4-9 物品苫盖

（一）苫盖的要求

苫盖的基本要求是顶面必须倾斜，避免雨雪积水渗入货垛。苫盖物不能苫到地面，苫盖物的下端应离开地面1cm以上，避免阻碍货垛通风和对地面雨雪积水产生虹吸现象。苫盖物必须捆扎牢固，防止被风刮落。

1. 选择合适的苫盖材料

通常使用的苫盖材料有<u>塑料布、席子、油毡纸、苫布</u>等，也可以利用一些物品的旧包装材料改制成苫盖材料。若货垛需苫盖较长时间，一般可用两层席子中间夹一层油毡纸作为苫盖材料，这样既通风透气又可防雨雪、日晒；若货垛只需临时苫盖，可用苫布。为了节省苫盖成本，还可以制成适当规格的通用型苫瓦，方便实用，可以反复利用。

查一查

利用网络搜集常用的苫盖材料的图片，认识常见的苫盖材料。

选择苫盖材料时应考虑苫盖材料是否会对货物产生不良反应，苫盖材料的成本是否与货物价值匹配，苫盖材料是否适合当地气候条件等。

2. 苫盖要牢固

每张苫盖材料都需要牢固固定，必要时在苫盖物外用绳索、绳网捆扎或者采用重物镇压，确保刮风不揭开。对于露天存放的物品苫盖尤其要固定可靠，在经常受台风袭击的地区，贵重物品、散装粉末类物品应尽量避免在露天货场存放。

3. 苫盖接口要紧密

由于货物或者场地的需要，苫盖物必须有接口时，接口处要拴牢或者压实，要有一定深度的互相叠盖，不能留迎风接口或留空隙；苫盖必须拉挺、平整，不得有折叠和凹陷，防止积水。

4. 苫盖物底部与垫垛平齐

苫盖物的底部必须与垫垛的上表面平齐，不腾空、不拖地，并牢固地绑扎外侧或地面的绳桩，衬垫材料不露出垛外，以防雨水顺延渗入垛内。

（二）苫盖的方法

1. 就垛苫盖法

直接将大面积苫盖材料覆盖在货垛上遮盖，适用于三角形货垛、矩形货垛及大件包装物品的苫盖，<u>一般采用大面积的帆布、油布、塑料膜等材料</u>。该方法操作便利，但基本不具有通风条件，如图 4-10 所示。因此，就垛苫盖法适合于对通风要求不高的物品，并且使用过程中要注意地面保持干燥。

2. 鱼鳞苫盖法

用席子、苫布、苫瓦等面积较小的苫盖材料，<u>自下而上将物品层层压茬围盖</u>的苫盖方法，因从外形看酷似鱼鳞，故称鱼鳞苫盖法（图 4-11）。若货物还需要通风透气的储存条件，可将席子、苫布等苫盖材料的下端反卷起来，使空气流通。鱼鳞苫盖法具有较好的通风条件，但每件苫盖材料都需要固定，操作比较烦琐、复杂。

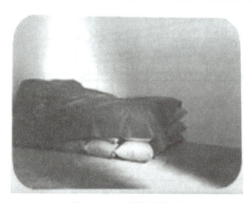

图 4-10　就垛苫盖法

图 4-11　鱼鳞苫盖法

3. 固定棚架苫盖法

该方法使用预制的苫盖骨架与苫叶合装而成的简易棚架，不需要基础工程，可随时拆卸和通过人力移动。不需要时可以拆除，节省空间，较为快捷，且具有良好的通风条件。固定棚架苫盖法如图 4-12 所示。

4. 活动棚架苫盖法

将苫盖物料制作成一定形状的棚架，棚架下装有滑轮可以推动。货物堆垛完毕后，移动棚架到货垛上进行遮盖（图 4-13）。活动棚架本身需要占用仓库位置，固定轨道要占用一定使用面积，需要较高的购置成本。

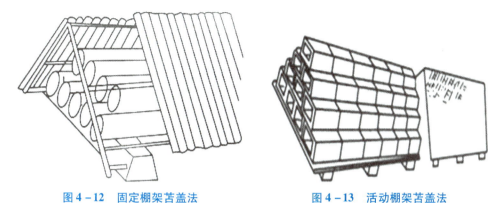

图 4-12　固定棚架苫盖法　　　　图 4-13　活动棚架苫盖法

二、物品的垫垛

垫垛是指在物品堆码前，在预定的货位，根据保管的要求和堆放场所的条件，使用适合的衬垫材料进行铺垫（图 4-14）。垫垛的目的是：使货物与地面隔离，避免地面潮气自垛底侵入，并使垛底通风；通过强度较大的衬垫物使重物的压力分散，减少对地坪的压力；避免地面污染物污染货垛。

图 4-14　物品垫垛

（一）垫垛的要求

在露天货场垫垛时，首先应把地面整平夯实，再摆放垫墩，垫墩之间可视具体情况留一定的间距，必要时可在垫墩上铺一层防潮纸，然后再放置储存货物。

在库房或者货棚内垫垛要根据地坪和物品防潮要求而定，一般水泥地坪只需垫一层垫墩。有的物品可以不垫，只铺一层防潮纸。有的库房地坪做了防潮层，也可不垫垛。

所使用的衬垫物必须保证与拟存物不会发生不良影响；衬垫物要摆平、放正，并保持同一方向，间距适当；直接接触货物的衬垫面积与底面积相同，衬垫物不要伸出货垛外；衬垫物要有足够的强度和足够的高度，露天货场的高度要达到 0.3~0.5m，库房内的高度0.2m即可；对化工材料、棉麻以及其他易受潮、易腐烂的货物应尽可能加高垫层，使垛底通风。

危险品对衬垫物有要求，如易燃气体应采用木垫，不宜采用石块、水泥条和铁架等易产生撞击火花的衬垫材料。

（二）衬垫材料

常见的衬垫材料有枕木、废钢轨、货板、货板架、水泥墩、条石、模板、垫架等垫高材料和苇席、防潮纸、塑料薄膜等。实际使用时应根据不同的储存条件和要求，采用不同的垫垛材料。

> 查一查
> 利用网络搜集常用的垫垛材料的图片，认识常见的垫垛材料。

采用货板进行垫垛时应尽量采用标准尺寸。根据国际标准化组织（ISO）的规定，货板尺寸有 800mm×1 200mm、1 200mm×1 600mm。我国常用的有 2 000mm×1 200mm、2 000mm×1 100mm、1 800mm×1 100mm 等几种尺寸。

1. 常用的垫垛方法

常用的垫垛方法主要有3种。

（1）码架式。码架是用垫木为脚，上面钉着木条或木板的构架，专门用于垫垛。码架规格不一，常见的有：长2m、宽1m、高0.2m或0.1m。码架式垫垛是用若干个码架拼成所需货垛底面积的大小和形状。不同储存条件所需码架的高度不同：楼上库房使用的码架高度一般为0.1m；平库房使用的码架高度一般为0.2m；货棚、货场使用的码架高度一般在0.3~0.5m。

（2）垫木式。采用规格相同的若干根枕木或垫石按货位的大小、形状排列，作为垛垫。枕木和垫石一般是长方体的，其宽和高相等，约为0.2m，而枕木长约2m，垫石长约0.3m。这种垫垛方法最大的优点是拼拆方便，节省储存空间，适用于底层库房及货棚、货场垫垛。

扫一扫
衬垫面积计算
（案例）

（3）防潮纸式。即在垛底铺上一张防潮纸作为垛垫，常用芦席、油毡、塑料薄膜等作为防潮纸。当地面干燥，且储存的物品对通风要求不高时，可在垛底垫一层防潮纸防潮。

2. 衬垫面积的确定

对于底面积比较小但是重量比较大的计重货物，为防止其压坏仓库地坪，必须进行垫垛，以分散重物对地面的压力。故计重货物存放前需要根据确定的衬垫面积进行垫垛。确定的衬垫面积必须保证货物连同衬垫物对地面产生的压强小于或等于地坪能够承受的压力。

问题思考与研讨

举例说明不同货物在仓库堆码时采用的堆码方法，至少5种。
_____
_____
_____

能力训练

堆码苫垫方案设计

某仓储中心接到客户发来的入库通知,计划到货日期为明天上午10点,内容如下:

仓库单位面积技术定额是 $2t/m^2$,现有 $5m \times 4m$ 的仓库货位,堆存五金零件一批,已知该五金零件为木箱包装,木箱尺寸为 $50cm \times 20cm \times 20cm$,每箱重 30kg。请用平台垛进行堆垛,计算该货物的堆放箱数,并选择苫垫材料,制订苫垫作业计划。

组托方案设计与实施

请完成表4-5所列货物的组托设计,画图并说明组托方式。托盘尺寸为 $1\,200mm \times 1\,000mm \times 150mm$,托盘承重 500kg,存放货架层高 800mm,货架承重 550kg。

表4-5 货物信息

序号	品名	包装规格/mm	单位	件数	重量/kg	包装堆码层数
1	康师傅方便面	220×180×160	箱	32	5	4
2	娃哈哈矿泉水	297×223×240	箱	30	12	3
3	康师傅绿茶	265×210×240	箱	36	9	3
4	农夫山泉果汁	240×200×180	箱	28	18	3
5	娃哈哈营养乳	350×280×260	箱	40	24	4

任务一检测单

自我检测

检测题目:学银在线巩固提升测验题

小组检测

检测题目:堆码苫垫方案设计

检测要求:以小组为单位,首先进行方案设计,然后用PPT进行汇报

检测标准:1. 团队合作(5分);2. 方案合理(10分);3. 计划可行(5分);4. 汇报完整(10分)

小组互评:_____

_____

_____

教师检测

检测标准：1. 团队合作（10分）；2. 方案合理（10分）；3. 操作规范（10分）
教师点评：_____
_____

检测评分

自我检测（40分）	同步测验（40分）			
小组检测（30分）	团队合作（5分）	方案合理（10分）	计划可行（5分）	汇报完整（10分）
教师检测（30分）	标准1. 团队合作（10分）			
	标准2. 方案合理（10分）			
	标准3. 操作规范（10分）			
满分（100分）				

个人反思

任务二　仓库温湿度控制和调节

任务导入

2018年10月28日17时45分，位于天津市大港中塘镇一家润滑油储备仓库发生火灾。目之所及，火光冲天，浓烟滚滚，一夜方灭；现场无人员伤亡，但财产损失巨大。一缕烟可毁万丈高楼，作为集中储备用途的仓库更是首当其冲；当我们感念消防官兵的"最美逆行"、寻找"橙色记忆"时，不妨身体力行地遵守职业规则、培养敬业精神。

扫一扫
某生化药业有限公司《仓库温湿度控制标准操作规程》（文本）

上述事例中的润滑油属于化工产品，该仓库的温湿度需要控制吗？如果需要，该如何控制和调节该仓库温度与湿度呢？

课前检测：学银在线新手上路测验题

子任务1：仓库温湿度变化及测定

任务描述

（1）设计表格，选择学校附近某一仓库测定一天之内每个整点时仓库内和仓库外的温湿度，画图分析仓库温湿度的变化规律。

（2）分析电视机、方便面、苹果、玉米、汽油、黑火药储存时的温湿度要求，讨论仓库温湿度对在库物品的影响。

（3）结合常见温湿度测定工具的特点，介绍空气温湿度测定时的注意事项。
①介绍常见温度测定工具及其特点，测定时的注意事项。

②介绍湿度测定工具及其特点。

网络资源

仓库温湿度记录仪

在线开放课程平台

知识链接

一、仓库温湿度变化规律

（一）仓库温度的变化规律

（1）气温升降时，仓库温度会随之升降，仓库温度主要随气温变化而变化。

（2）仓库温度变化的时间总是在气温变化后 1~2 小时。气温在日出前的瞬间最低，14 时温度最高；仓库温度以日出后 1 小时为最低，15 时为最高。

（3）库温与气温相比，夜间仓库温度高于气温，白天仓库内温度低于气温。

（4）仓库温度变化的幅度小于气温变化的幅度。假如气温变化的幅度为 10℃，则仓库温度变化的幅度仅为 5℃~6℃，所以，仓库的最高气温值常比气温的最高温度值低，仓库的最低温度值则比气温的最低温度值高。

（5）仓库内温度还受仓库建筑结构、材料、外表面颜色等多种因素的影响。

货物温度直接反映着货物安全储存的状况，而仓库温度的变化直接决定货物的状态，大气温度又影响着仓库温度的高低。大气温度具有不可控性，所以关键在于控制仓库温度来实现对货物温度的控制。

（二）仓库湿度的变化规律

库房内湿度随着大气湿度的变化而变化，日变化的时间迟于库房外，幅度也较小，但密闭条件较好的库房受大气湿度影响较小。库房内各部位的湿度也因情况不同而不同。一般来讲，库房上部的相对湿度比接近地面部分的相对湿度低，库房内的墙角、货架下由于空气不易流通，相对湿度比较高。特别是在没有水泥防潮层地面的库房，湿度的差异会更大。

扫一扫
认识湿度
（文本）

> **小贴士**
>
> 仓库温湿度与货物变质往往具有密切关系，特别是危险品的储存关系到储存的安全。易燃液体的贮藏温度一般不允许超过 28℃，爆炸品的贮藏温度不允许超过 30℃，各种粮食的安全相对湿度一般为 70% 左右。
>
> 合理控制仓库的温湿度十分重要，常见物品的温湿度要求如表 4-6 所示。

表 4-6 几类常见物品的温湿度要求

种类	温度/℃	相对湿度/%
金属及其制品	5~30	75
塑料制品	5~30	50~70
仪表、电器	10~30	70
轴承、钢珠	5~35	60
汽油、煤油	≤30	≤75
工具	10~25	50~60
树脂、油漆	0~30	≤75

二、空气温湿度的测定

(一) 测定空气温度

1. 测定工具

测定仓库温度的工具主要有水银温度计、酒精温度计、自记温度计和半导体点温计（图4-15）。

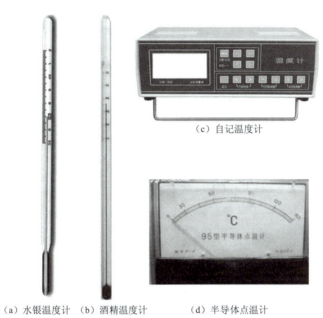

(c) 自记温度计

(a) 水银温度计　(b) 酒精温度计　　(d) 半导体点温计

图4-15　常用的温度计

2. 使用注意事项

(1) 水银温度计应放置在不受阳光直射、通风的地方，悬挂高度在1.5m左右，以能平视观测为宜。

(2) 读取水银温度计或酒精温度计指数时要敏捷、准确，先看小数、后看整数。视线要与水银柱顶端平齐，手和头不要接近温度计球部，也不要对着球部呼吸。

(3) 自记温度计能够自动记录空气温度的变化，它的自记部分包括自记钟、自记纸、自记笔三部分。为保障其能够正常工作，仓库管理人员要做好上发条、更换记录纸及添加墨水的工作。

(4) 使用半导体点温计时，将测温头接触被测物体，即可直接从显示屏上读取被测物体温度。

3. 记录空气温度

对仓库内的温度可以采用自记温度计进行连续记录，也可以通过定时人工观测的方法进行间隙性的记录。当存储的货物对空气温度变化比较敏感时应该加大检验力度，增加记录的频率。

(二) 测定空气湿度

1. 测定工具

在仓储工作中，测定空气湿度常用的工具主要是干湿球温度计、通风湿度计、毛发湿度计及自记湿度计（图4-16）。

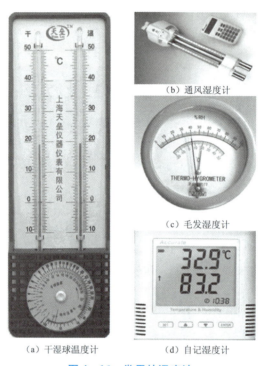

(a) 干湿球温度计
(b) 通风湿度计
(c) 毛发湿度计
(d) 自记湿度计

图4-16 常用的湿度计

2. 干湿球温度计的构造与原理

干湿球温度计是由两支同样的温度计固定在一个架上，左边一支称干球，可以直接标示出空气的温度，右边一支称湿球，它的温度计的下端，裹以纱布并浸入水槽中，槽内盛有蒸馏水或冷开水，使湿球经常保持湿润。图4-17为干湿球温度计的原理。

> **想一想**
> 干湿球温度计温度差与空气温度的关系如何？
> （1）湿球温度_____干球温度；
> （2）两者的温度差越大，空气湿度越_____；两者的温度差越小，空气湿度越_____；
> （3）湿球温度_____干球温度时，空气湿度饱和，相对湿度为_____。

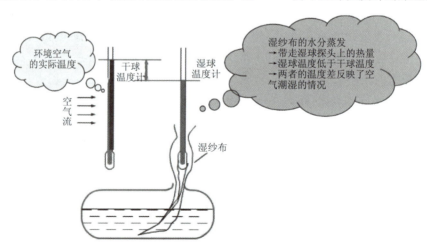

图4-17 干湿球温度计的原理

因为包裹湿球纱布上的水分在不断蒸发时需要吸收热量，所以温度就比干球的温度低。空气越干燥水分蒸发越快，吸收的热量越多，湿球的温度也就越低；反之，空气潮湿，湿球纱布上的水分蒸发就慢，吸收热量就少，湿球温度下降就少。根据干湿球温度计上的读数，通过相对湿度查对表可直接查出相对湿度。湿球温度计指示的温度叫湿球温度，湿球温度比干球温度略低一些。根据干球温度、湿球温度即可得出相应的相对湿度。

读一读
干湿球温度计的读法：
（1）视线与水银柱顶部持平；
（2）头、手不要碰触球部，不要对着水银球呼气；
（3）读数时一般先干球，后湿球。

【例4.1】 若干湿球温度计上，干球温度计读数为20℃，湿球温度计读数为17℃，请问当下仓库内相对湿度为多少？

解： 干球温度计与湿球温度计读数相差3℃，查相对湿度查对表，湿表温度17℃与干湿度差3℃交叉处的读数为72%。

故当下仓库的相对湿度为72%。

3. 使用注意事项

（1）使用干湿球温度计测量库内湿度时，应将其放置在空气流通、不受阳光照射的地方，挂置高度与人眼齐平，约1.5m左右。

（2）在库房外使用干湿球温度计时，应将干湿球温度计悬挂于百叶箱内。百叶箱应放置在空旷、通风处，箱门朝北，箱体内外刷涂成白色。百叶箱中温度计的球部离地面高度为2m。箱内保持清洁，不放杂物，以免妨碍空气流通。

（3）通风湿度计属于精密测湿仪器，一般放置在对湿度要求较严格的库房，以便于测出储存环境的准确湿度值，也可用于对其他类型的测湿仪器进行校正。

（4）在气温低于-5℃的场合不适宜使用干湿球温度计进行测温，此时可以采用毛发湿度计测量空气的相对湿度。

（5）在对湿度条件要求非常严格的库房中，可以使用自记湿度计，这样可测得每天或每周任意一段时间内湿度变化的详细数据，为分析研究湿度变化规律提供可靠依据。

扫一扫

相对湿度查对表（文本）

扫一扫

常见湿度计的构造和特点（文本）

5. 记录空气的湿度

对空气湿度的记录应该每日2次，上午8~9时1次，下午13~14时1次。重点仓库可以适当地增加观测及记录的次数。

仓库管理人员每检查完一遍温度及湿度都应该将其结果填写在《仓库温湿度记录表》中，具体内容如表4-7所示。

表4-7 仓库温湿度记录表

日期	上午							下午						
	天气	干球	湿球	相对湿度	绝对湿度	调节措施	记录时间	天气	干球	湿球	相对湿度	绝对湿度	调节措施	记录时间

子任务 2：仓库温湿度控制与调节

任务描述

查一查
请查找 ISO9001—2015《仓库温湿度管理规范》。

扫一扫

某公司仓库温湿度管理细则（案例）

（1）通过调查，了解常见物资的安全湿度和温度，并填写表 4 - 8。

表 4 - 8　常见物资安全温湿度

物资名称	安全温度	安全相对湿度
麻织品		
丝织品		
毛织品		
皮革制品		
橡胶制品		
金属制品		
竹木制品		
塑料制品		
玻璃制品		
人造革		
纸制品		

（2）作为一名仓库管理员，如何控制和调节仓库的温湿度？

_____

_____

网络资源

RFID 仓储库房温湿度监测　　在线开放课程平台

知识链接

课堂笔记

当仓库的温度或湿度超过货物的保管要求时，不仅会使货物的质量受到直接的损害，而且可能引起变质、虫蛀、霉腐、生锈、老化等。因此，合理地调节与控制仓库的温湿度是货物保养的首要问题。

一、调节与控制仓库的温度

（一）库房的防热措施

（1）夜间开窗降温。每天的最低温度出现在凌晨2~5时，如果需要降低仓库中的温度，仓库管理人员可在固定的时间段打开库房门窗，进行自然通风或用排气风扇向库房内吹风，使库房内外空气对流，从而降低库房内的温度。

（2）用空调机降温。安装空调机的库房应该是密封的，当库房温度超过所储货物的安全保管温度时，仓库管理人员就可开动空调机降温。

（3）屋顶搭凉棚降温。在露天货场搭建凉棚可以避免堆垛的物品被阳光直射，从而减少物品所吸收的热量，降低物品的温度。在多层建筑仓库的顶层搭建凉棚，可以利用棚下的空气层降低仓库内的温度。

（4）屋顶喷水降温。在库房屋顶安装自动喷水设备，定时喷水，通过水的蒸发，降低温度。喷水时间一般安排在上午11时至下午4时之间，每隔半个小时喷水1次。在夏季可使库房内降温5℃左右。

喷水也可用于在露天货场上堆储的铁桶装货物，在铁桶货垛的上空装设喷水管，给铁通货垛"洗淋浴"，也能起到降温的效果。

（5）屋顶放置隔热材料降温。夏季将库房的屋顶放置一层隔热材料，可以降低库房的温度。

扫一扫

仓库温度的调节与控制（微课）

（二）仓库的防冻措施

（1）附加保温材料保温。在保温库上或者库房的屋顶加放一层保温材料，可增加仓库的保温效果。

（2）利用暖气设备保温。在库房内或者库房的墙内安装暖气，可保持库房所需的库温。

（3）封闭仓库保温。因下雪或温湿度的骤然变化会造成货物的损坏，如沥青、树脂、油毡、皮革、木制和纤维制品、优质钢材、线材、有色金属型板材等，这些货物必须存入保温或非保温的封闭仓库中。在冬季到来之前，要用保温材料封闭仓库的窗户、仓门，对库顶也采取相应的保温措施，将整个仓库封闭起来，以防止温度降低对货物造成损坏。

二、调节与控制仓库的湿度

调节与控制仓库的湿度时主要采用通风、密封与吸潮3种方法。

小贴士：一些常见环境湿度最佳范围

居室环境：40%~70%　　　　　糖果、点心存放：50%~60%

通信器材保管环境：45%~75%　　蔬菜、水果存放：50%~70%

奶制品存放：50%~60%　　　　粮食存放：50%~70%

(一) 通风

1. 通风方法

(1) 自然通风。自然通风是利用库房内外空气的压力差使空气自然交换的一种通风方式。仓库内外存在温度差或仓库外有风时就可以实现仓库内外空气的流动。它不需要任何机械设备，且空气交换量大，是一种经常使用的调节方法。

当库外无风时，应开启库房上部和下部通风口和窗户，促使空气流通；当库外有风时，应先关闭库房迎风面上部出气口，开启背风面上部出气口及库房门窗的通风口，以加速通风。

(2) 机械通风。机械通风是利用通风机械工作时所产生的正压力或负压力，使库内外空气形成压力差，从而强迫库内外空气发生交换。

仓库可以在库房外墙的上部或库顶安装排风机械，在库墙的下部安装抽风机械，利用其工作时产生推压力及吸引力，将库内空气排除库外，将库外空气吸入库内，从而达到库内外空气交换的目的。

扫一扫

仓库湿度的调节与控制（微课）

2. 通风注意事项

(1) 选择恰当的通风时机。利用通风降低仓库内空气湿度时，要先比较库内外温度、绝对湿度与相对湿度，当库外的绝对湿度低于库内时，才能够采用通风的方式降低仓库湿度。

(2) 通风与密封相结合。通风进行一段时间，达到通风的目的后，应及时关闭仓库门窗和通风孔，使仓库处于相对密封状态，以保持通风效果。

(3) 通风时注意环境变化。在进行通风时，仓库管理人员还要随时注意环境的变换，当仓库外天气骤然改变、温湿度急剧变化或发现仓库外空气混杂有害气体及杂物时，应立立即停止通风。

(二) 密封

密封就是把库房、货垛尽可能严密地密封起来，减少或阻止外界温湿度及其他不利因素对货物的影响，从而确保货物的安全。

1. 密封形式

(1) 整库密封。对储存量大、出入库动态不大、整出整进或进出不频繁的货物宜于采取整库密封。

(2) 按垛密封。对于一些怕潮易霉或易干裂的整出整进或进出不频繁物品，可以用防潮效果好的材料，如塑料薄膜、油毡、防潮纸等，将货垛上下四周围起进行整垛密封，以减少气候变化时对货物的影响。

> **读一读**
> 密封材料一般为一些导热性差、隔潮性较好或透气率较小的材料，如防潮纸、塑料薄膜、油毡纸、稻谷壳和泡花碱等。

(3) 按货架（柜、橱）密封。对出入库频繁、零星而又怕潮易霉、易裂、易生虫、易锈蚀的小件物品，可以采用货架密封法。

(4) 按件（箱）密封。将物品的包装严密地进行封闭，一般适用于数量少、体积小的易霉、易锈蚀物品，如皮革制品、竹木制品、金属制品、乐器、仪表等。多数易潮、生霉、溶化、生锈的物品都适宜先用塑料袋按件包装，加热封口或放在包装箱、包装桶或包装袋内。这种密封包装简单易行，效果好。

2. 密封注意事项

(1) 选择恰当的密封时机。过早密封会使仓库失去自然通风的机会，过晚密封则会使库房内湿度较高，影响密封效果。因此，仓库管理人员要掌握当地气候变换的规律，选择在潮湿季节到来前的一段时间内进行密封。

采用整库密封法的仓库还要确定恰当的启封时机。只有当库外温湿度下降，绝对湿度普遍低于库内时，才可将密封的仓库开封。

（2）做好密封前货物的检查。在密封前必须检查货物质量，如发现货物的含水量过高或已经有发霉、生锈、长虫等情况及其他变质现象，要先经过处理，使质量恢复正常后才能进行密封。

（3）做好物品密封后的观察。密封并不能完全绝对隔绝库外气候及其他条件对仓库的影响，因此，密封后，还必须定期检查密封货物的外观状况或对密封的货物质量进行抽样检查。发现问题要及时采取处理措施。

（三）吸湿

吸湿是采用吸潮剂或吸湿机械，通过直接降低仓库空气中水分的方法降低仓库的湿度。当因库房外湿度高于库房内湿度而不适宜进行通风散潮时，通常采用吸湿与整库密封相结合的方法来降低库房内湿度。

1. 吸潮剂吸湿

吸潮剂具有较强的吸潮性，能够迅速吸收库内空气的水分，进而降低库房湿度。仓库常用的吸潮剂有生石灰、氯化钙和硅胶等，仓库管理人员在选择吸湿剂时要综合考虑库存货物及吸湿剂的特点。

2. 机械吸湿

机械吸湿是利用去湿机除去库房空气中的水分，它具有吸湿效率高、平均成本低、操作简单等优点。如果仓库内湿度过大，比较好的办法是使用空气去湿机。目前，国内使用的空气去湿机型号多为 KQF-5 和 KQF-6。该型号去湿机在室温 27℃、相对湿度 70% 的条件下，吸水量分别为每小时 3 千克和 6 千克。使用机械吸潮的吸湿效率高，操作简便，成本低，无污染。

扫一扫

常见吸湿剂的使用方法及注意事项（文本）

去湿机工作时先吸入库房内的空气，再利用制冷装置，将潮湿空气冷却到露点温度以下，使水汽凝结成水滴排出，最后将冷却干燥的空气再送入库内，从而达到降低空气湿度的目的。

问题思考与研讨

仓库温湿度控制标准及调节措施有哪些？
_____
_____
_____
_____
_____
_____
_____

能力训练

农产品仓库温湿度控制与调节

在教师指定的生鲜存储区、日常用品存放区、公司营业部、加工室、保险柜、大米仓库设置6个布控点,利用仪器检测温湿度,参考表4-9的水果储存要求,完成以下事项:

(1) 将温湿度归零,放置于待测温湿度处30分钟(可提前一天放好);读出温度值和湿度值,现场做好记录。

(2) 各小组交换场地,再次进行温湿度检测,对于同一位置对比各组测量结果,分析异同及其原因。

(3) 根据测量结果分析存储环境以及适合和不适合该环境存储的农产品。

(4) 选取其一制作温湿度调节方案。

表4-9 各水果的储存要求

水果	最佳保鲜温度/℃	最佳保鲜湿度/%	储藏期/天
苹果	-1~1	85~90	2~240
梨	-1~1.5	85~95	3~150
西瓜	2~4	75~85	7~10
樱桃	0.5~1	80	7~21
椰子	-4.5~-3	75	8~240
葡萄	-1~3	85~90	1~4
草莓	-0.5~+1.5	75~85	7~10
橘子	0~1	80~90	50~80
菠萝	4~12	85~90	1~20

任务二检测单

自我检测

检测题目:学银在线巩固提升测验题

小组检测

检测题目:农产品仓库温湿度测定与调节

检测要求:以小组为单位,首先进行实地测量,然后给出温湿度调节方案

检测标准:1. 团队合作(5分);2. 读数准确(10分);3. 操作安全(5分);
    4. 方案合理(10分)

小组互评:_____

教师检测
检测标准：1. 团队合作（10分）；2. 分析有理（10分）；3. 方案有效（10分）
教师点评：

检测评分				
自我检测 （40分）	同步测验 （40分）			
小组检测 （30分）	团队合作 （5分）	读数准确 （10分）	操作安全 （5分）	方案合理 （10分）
教师检测 （30分）	标准1. 团队合作（10分）			
	标准2. 分析有理（10分）			
	标准3. 方案有效（10分）			
满分 （100分）				

个人反思

任务三　库存管理

任务导入

上海市某中型家具制造企业主要有板式家具和实木家具两条生产线，所需物料多达5 000余种，对物料的控制难度较大，采用了按库存资金占用额进行ABC分类的管理方法，对不同物料有不同的管理策略。

该家具制造企业的A类物料主要是中板加工板（饰面中纤板）、通用五金、油漆、刨花板加工板（饰面刨花板）和实木等。该类物料是生产中必不可少的关键物料，可替代的概率很小。一旦缺货对生产影响很大。该类物料品种较少，但流动性较大,占用库存资金的绝大部分。单次采购过少会引起采购成本、运输成本、缺货成本的上升,单次采购量过多则会引起库存周转率、资金周转率的下降及库存保管成本的上扬。因此,必须精确计算,保证一个总成本最低且能保证生产持续的最优订货批量和最佳订货周期,严格按照确定的批量、周期、地点组织订货,这样既能减少库存量,也不会引起缺货的损失。可采用不允许缺货、持续到货的经济订购批量模型,来确定最优订货批量和最佳订货周期。另外,对该类物料不但要严格监控,加强对需求预测的管理,减少订货前置时间,提高供应的稳定,而且要随时盘点库存,提高库存盘点的准确度。

该家具制造企业的 C 类物料主要是工具耗材、纸箱、玻璃、保丽龙、木皮、胶黏剂、珍珠棉、贴面纸、蜂窝纸芯和其他杂物等。该类物料需用量和耗用总额较小,但种类较多,缺货时对生产的影响较小,甚至允许短时缺货。

由于该类物料占用的资金量很少,在库管理费用和资金占用成本方面已经不是管理的重点,该类物料所占资金主要与订购费用和订购次数相关联,所以要尽可能地减少订购成本。因此对该类物料要减少订购次数,可采用定期采购的模式,根据经验或者统计数据确定一个最高库存,每次采购使其达到最高库存点。也可以采用双堆法,即用两个库位储存,一个库位货发完了用另一个库位发,并补充第一个库位的存货。又因为该类物料品种繁多,每天盘点会产生很大的管理费用,所以不需每天或每周统计库存,可以隔相当长的一段时间对库存进行统计。

该家具制造企业 B 类物料主要是封边条、杂木外购件、五金杂件、布料皮革等,对生产的重要性均处于一般状态,其种类、需用量、占用资金额等在整个物料管理中也均处于一般状态。

由于该类物料介于 A、C 类物料之间,所以对于该类物料可进行一般性管理。可根据物料的重要程度采用定量采购或定期性策略。

思考:
1. ABC 分类法是如何计算得到的?
2. 如何应用定量订货法和定期订货法进行库存控制?

课前检测:学银在线新手上路测验题

子任务 1:ABC 分类法

任务描述

通过调研仓储企业,搜集仓库的库存货物品种、数量、资金占用等信息,并根据不同的存储要求,合理选择 ABC 分类方法。按照占用金额和物动量两种分类标准对库存物品进行 ABC 分类,并说明如何实施。

(1) 根据搜集的资金占用信息，选取 20 种货物，按照 ABC 分类方法正确填写表 4-10。

表 4-10 货物分类（资金占用）

物品编码	物品名称	物品品种数/种	占用资金/万元	所占比重/%		比重累计/%		分类
				品种	金额	品种	金额	

(2) 根据搜集的物动量信息，选取同样 20 种货物，按照 ABC 分类方法正确填写表 4-11。

表 4-11 货物分类（物动量）

物品编码	物品名称	物品品种数/种	周期物动量/箱	所占比重/%		比重累计/%		分类
				品种	金额	品种	金额	

(3) 两种 ABC 分类方法结果有何不同？并解释原因。

网络资源

ABC 分类法

在线开放课程平台

知识链接

扫一扫

什么是 ABC 分类法？（微课）

一、ABC 分类法含义与分类标准

（一）ABC 分类法含义

ABC 分类法是将库存物品按照设计的分类标准和要求分为特别重要的物品（A 类）、一般重要的物品（B 类）和不重要的物品（C 类），然后针对不同等级分别进行

控制的管理方法。

（二）分类标准

分类标准一般有两种：库存资金占用额与物动量。前者为以控制存货资金为目标，后者是以货位优化为目标。

1. 库存资金占用额

一般把那些单价高、资金占用额大、品种少的物品归为 A 类；把单价低、资金占用额小、品种多的物品归为 C 类；介于这两者之间的归为 B 类。具体按照下面标准进行分类：

A 类：品目累计百分数为 5%～15%，资金占用额累计百分数为 60%～80%。
B 类：品目累计百分数为 20%～30%，资金占用额累计百分数为 20%～30%。
C 类：品目累计百分数为 60%～80%，资金占用额累计百分数为 5%～15%。

扫一扫
如何进行 ABC 分类？（微课）

2. 物动量

物动量是指一定时期内某种货物的出库总量（或者入库总量），它反映了该种货物流动的程度。对于流通型仓库来说，物动量是衡量货物出入库频繁程度的重要指标。

按照物动量来分类，就是把那些物动量大、品种少的物品归为 A 类；把物动量小、品种多的物品归为 C 类；介于这两者之间的归为 B 类。具体按照下面的标准进行分类：

A 类：品目累计百分数为 5%～15%，物动量累计百分数为 60%～80%。
B 类：品目累计百分数为 20%～30%，物动量累计百分数为 20%～30%。
C 类：品目累计百分数为 60%～80%，物动量累计百分数为 5%～15%。

扫一扫
按库存资金占用额进行 ABC 分类（案例）

按库存资金占用额和物动量进行 ABC 分类时，以上比例为参考比例，实际工作中还应考虑某类货物对生产的重要性等因素，实际使用时，根据需要作具体分析和必要的调整。

二、ABC 分类的一般步骤

（一）搜集数据

根据分析要求、分析内容，搜集分析对象有关数据。例如，要对库存货物占用资金情况进行分析，就可以收集各类库存物品的进库单位、数量、在库平均时间等信息，以便了解哪几类货物占用的资金较多，进行分类重点管理。如果要对货物的物动量进行分析，则可以搜集各类物品出库数量（或者入库数量）的历史数据。以下以资金占用额为例进行介绍。

（二）处理数据

将搜集来的数据进行汇总、整理，计算出所需的数据。一般以平均库存乘以单价，求出各类货物的资金占用额。

（三）绘制 ABC 分类管理表

ABC 分类管理表由 9 栏构成，如表 4-12 所示。制表的步骤如下：

表 4–12　ABC 分类表

物品名称	品目数累计	品目累计百分数	物品单价	平均库存	资金占用额	资金占用额累计百分数	资金占用累计百分数	分类结果
①	②	③	④	⑤	⑥=④×⑤	⑦	⑧	⑨

想一想
物动量 ABC 分类法的计算步骤

①将以上第二个步骤计算出的资金占用额的数据，从大到小进行排队。
②将资金占用额按高到低的顺序填入表中的第 6 栏。
③以第 6 栏为准，依次在第 1 栏填入相对应的物品名称，在第 4 栏填入物品的单价，第 5 栏填入平均库存，第 2 栏填入编号 1、2、3、4、5…，为品目累计数。
④计算品目累计百分数，并填入第 3 栏。
⑤计算资金占用额累计，填入第 7 栏。
⑥计算资金占用额累计百分数，填入第 8 栏。

（四）分类

根据 ABC 分类表中第 3 栏中品目累计百分数（%）和第 8 栏资金占用额累计百分数（%），按分类标准进行 A、B、C 三类物品的分类。

（五）绘制 ABC 分类管理图

以品目累计百分数为横坐标，以资金占用额累计百分数为纵坐标，按 ABC 分类表第 3 栏和第 8 栏提供的数据，在直角坐标图上取对应点，连接各点的曲线即为 ABC 分类曲线。按 ABC 分类标准确定 ABC 三个类别，并在图上标明。

扫一扫
按物动量进行 ABC 分类
（任务）

三、ABC 分类管理的措施

A 类货物作为库存管理的重点对象，应采用定期订货的方式，定期盘点库存，尽量减少安全库存，必要时可紧急补货。

B 类货物应采取适当简单的管理措施，以定量订货法为主，辅以定期订货法，适当提高安全库存，也可采用三堆法等简单的管理措施。

C 类货物应采用简化的管理方式，采用较高的安全库存，减少订货次数，采用双堆法等简单的管理措施。

扫一扫
双堆法与三堆法

子任务 2：经济订货批量

任务描述

（1）搜集资料，分析经济订货批量在实际仓储管理中的重要性。

_____
_____

想一想
假如你是采购员，在采购过程中应如何尽可能降低订货成本？

(2) 经济订货批量在实际仓储管理中应用时需考虑哪些因素？

(3) 某建筑批发商需要定期从一个供应商那里购进水泥，水泥在一年之内的需求是非常稳定的。去年，公司一共出售了 2 000 吨水泥。估计每次订货所花的订货成本在 25 美元左右，年储存费率为水泥价格的 20%，公司购进水泥的价格为 60 美元/吨，问：企业每次订购数量应该是多少？在实际应用中是否会按照经济订货批量的数值进行订购，为什么？

网络资源

经济订货批量

在线开放课程平台

知识链接

库存控制研究的是在什么时间、以什么数量、从什么来源补充库存，可以使库存和补充采购的总成本最小。经济订货批量通过费用分析可求得库存总成本最小时的订购批量，用以解决独立需求的库存控制问题。

一、库存总成本

库存控制模型中的库存总成本，主要包括订货成本、保管成本、购进成本。

（一）订货成本

订货成本指每进行一次订货时所发生的费用，主要包括差旅费、通信费、手续费以及跟踪订单的成本等。订货成本与每次订货量多少无关，在年需求一定的情况下，订货次数越多，则每次订货量越小，而全年订货成本越大。年度订货成本用字母 C_1 表示，则：

$$C_1 = \frac{D}{Q} \times C$$

式中，C_1——年度订货成本（元）；

D——年需求量（件/年）；

Q——每次订货批量（件）；

C——每次订货成本（元/次）。

（二）保管成本

保管成本是指保管存储物品而发生的费用，包括存储设施的成本、搬运费、保险费、折旧费、税金以及物品变质损坏等支出的费用。显然，这些费用随库存量的增加而增加。年度保管成本用字母 C_2 表示，则：

$$C_2 = \frac{Q}{2} \times K$$

式中，C_2——年度保管成本（元）；

$Q/2$——年平均存储量；

K——单位货物年储存成本[元/（件·年）]。

（三）购进成本

购进成本是购置物品需要付出的成本，年度购进成本用字母 C_3 表示，则：

$$C_3 = D \times P$$

式中，C_3——年度购进成本（元）；

P——每件物品的购入成本（元/件）。

在不考虑缺货、折扣以及其他问题的情况下，年度库存总成本 TC 计算公式为：

年度库存总成本 = 订货成本 + 保管成本 + 购进成本，即

$$\begin{aligned} TC &= C_1 + C_2 + C_3 \\ &= \frac{D}{Q} \times C + \frac{Q}{2} \times K + D \times P \end{aligned}$$

> 想一想
> 为什么年度库存总成本随订货量增加会出现先减少又增加的现象？

二、经济订货批量

假设年需求量均衡、稳定，为固定常数，购入单价固定，则年度购进成本为固定常数，且与订货批量无关。年度库存总成本与订货批量的关系如图 4 – 18 所示。

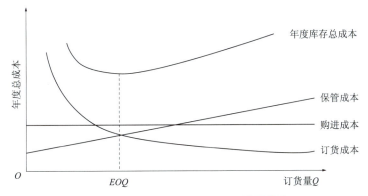

图 4 – 18　年度库存总成本与订货批量的关系

库存保管成本随订货量增大而增大，订货成本随订货量增大而减少，而当两者费用相等时，总成本曲线处于最低点，这时的订货量为经济订货批量。

扫一扫

经济订货批量（微课）

扫一扫
库存总成本
（微课）

（一）基本经济订货批量

理想的经济订货批量是指不考虑缺货、折扣以及其他问题的经济订货批量。在不允许缺货，也没有折扣的情况下，

$$TC = \frac{D}{Q} \times C + \frac{Q}{2} \times K + D \times P$$

要使 TC 最小，将上式对 Q 求导数，并令一阶导数为 0，得到经济订货批量 EOQ 的计算公式为：

$$EOQ = \sqrt{\frac{2CD}{K}} = \sqrt{\frac{2CD}{PF}}$$

式中，EOQ——经济订货批量；

K，PF——每件物品年保管成本 [元/（件·年）]；

F——每件物品保管成本与每件物品购进成本之比，即年保管费率。

【例 4.2】 某企业每年需采购儿童服装 8 000 件，每套服装的定价是 100 元，每次订货成本是 30 元。每件物品的年保管成本是 3 元/件。求：最优的订货数量、年订购次数和预期每次订货时间间隔各为多少（每年按 360 天计算）？以经济订货批量订货，年度库存总成本为多少元？

解：

$$EOQ = \sqrt{\frac{2CD}{K}} = \sqrt{\frac{2 \times 30 \times 8\,000}{3}} = 400 \text{ 件}$$

年订购次数 $= \frac{D}{EOQ} = \frac{8\,000}{400} = 20$（次）

间隔 $= \frac{360}{20} = 18$（天）

年度库存总成本 $= 8\,000 \times 100 + \frac{8\,000 \times 30}{400} + \frac{400 \times 3}{2} = 801\,200$（元）

即每次订购批量为 400 件时年库存总成本最小，最小费用为 801 200 元。

（二）有折扣的经济订货批量

为了鼓励大批量购买，供应商往往在订货数量超过一定量时提供优惠的价格。在这种情况下，买方应进行计算和比较，以确定是否需要增加订货量去获得折扣。其判断的原则是：若接受折扣所产生的年度总成本小于经济订货批量所产生的年度总成本，则应接受折扣；反之，应按不考虑折扣计算的经济订货批量购买。

【例 4.3】 在例 4.2 中，供应商给出的折扣条件是：若一次订购量小于 600 件时，每件价格是 100 元；若一次订购量大于或等于 600 件时，每件价格是 80 元。若其他条件不变，问每次应采购多少？

解： 根据供应商给出的条件，分析如下：

（1）计算按享受折扣价格的批量即 600 件采购的年度总成本

此时 $D = 8\,000$ 件，$C = 30$ 元/次，$K = 3$ 元/（件·年），$P = 80$ 元/件，$Q = 600$ 件。

$$TC = \frac{D}{Q} \times C + \frac{Q}{2} \times K + D \times P$$

$$= 8\,000 \times 30/600 + 600 \times 3/2 + 8\,000 \times 80 = 641\,300\ (元)$$

(2)按折扣价格计算经济订货批量。

此时 $D = 8\,000$ 件，$C = 30$ 元/次，$K = 3$ 元/（件·年），$P = 80$ 元/件，$Q = 600$ 件。

$$EOQ = \sqrt{\frac{2CD}{K}} = \sqrt{\frac{2 \times 30 \times 8\,000}{3}} = 400\ (件)$$

(3)分析判断

根据（2）计算结果可知，按价格 80 元/件计算的经济订货批量是 400 件，它小于享受价格折扣条件规定的数量（一次不小于 600 件），这表明每次订购 400 元是不能享受折扣的，这时只能按价格 100 元/件计算年度总成本。根据计算结果可以知道，这种情况下的年度总成本是 801 200 元。

再根据（1）计算结果可以判断，若按享受折扣价格时的批量即 600 件采购，年度总成本为 641 300 元，小于按不享受折扣价格时的批量即 400 件采购的年度总成本 801 200元。因此，采购策略应为每次订购 600 件。

子任务 3：定量订货法

任务描述

扫一扫

经济订货批量的强壮性（文本）

想一想

针对新型冠状病毒肺炎重大疫情，某医院对于医用外科口罩的订购能否应用经济订货批量模型解决，为什么？

(1)某企业在经营生产过程中非常注重库存管理控制，其原材料采购的经济订货批量为 200 箱，平均订货提前期为 5 天，平均每月正常需求量为 300 箱，安全库存量为 30 箱。该公司采用定量订货法进行库存管理控制，假如你是公司库存管理人员，请确定订货点库存量及库存总量。

(2)调研相关资料，试说明不同规模企业在设置安全库存时的不同、安全库存的设置及有关因素。

(3)运用定量订货法进行订货，需如何监控库存水平？

网络资源

定量订货法

在线开放课程

课堂笔记 知识链接

库存控制管理研究的是什么时候、以多大批量、从什么来源订货，才能使库存总成本最低。

一、基本概念

想一想
提前期的影响因素有哪些？

（1）订货点。订货点是指发出订货信息时某种货物的实际库存量，又称订货点库存量，用 R 表示。

（2）提前期。提前期是从发出订单到收到货物的时间间隔，用 L 表示。

（3）安全库存。安全库存也称安全库存量（或保险库存），是指为防止不确定因素（如交货期突然延期、临时用量增加等）而预设的保险储备量，用 S 表示。

二、基本原理

扫一扫

定量订货法
（微课）

定量订货法是指<u>当库存量下降到预定的最低库存量（订货点）时，按规定进行订货补充的一种库存控制方法</u>。当库存量下降到订货点时，即按预先确定的订货量发出订单，经过订货期、提前期、交货周期后，库存量继续下降，到达安全库存量时收到订货，库存水平回升。采用定量订货方式必须预先确定<u>订货点和订货量</u>。

在需求稳定的前提下，定量订货法的库存量变化如图4-19所示。

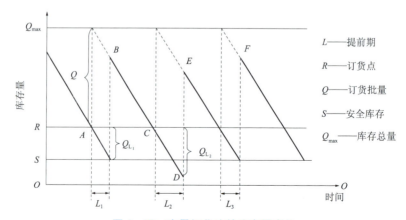

图4-19　定量订货法的库存量变化

订货点 R 由两部分构成：一部分是安全库存 S，另一部分是订货提前期的需求量 Q_L。如果提前期不稳定，则 Q_L 为各个提前期需求量的平均值，因此 $R = S + Q_L$。

在整个库存变化的过程中，所有的需求量都得到了满足，没有缺货现象的发生。但是，第二周期由于提前期时间变长，而订购的物品尚未到达，动用了安全库存 S，如果 S 设定太小的话，库存曲线就会下降到横坐标以下，出现负库存，即表示缺货。因此，安全库存的设置是必要的，它会影响库存的水平。

由于控制了订货点 R 和订货批量 Q，从而使整个系统的库存水平得到了控制，库存总量 Q_{max} 不会超过 $R + Q$，而三个周期中的最高实际库存量 Q_B、Q_E、Q_F 都小于 Q_{max}，因此实现了对库存水平的控制。

扫一扫

定量订货法下库存量变化过程（文本）

三、控制参数

1. 订货点

在定量订货法中，订货点直接控制着库存水平。影响订货点的因素有 3 个：订货提前期、平均需求量和安全库存。

（1）在需求确定、订货提前期不变的情况下，不存在突发需求，所以不需要设置安全库存，可以根据需求和提前期的时间直接求出订货点。计算公式为：

订货点 = 订货提前期的平均需求量

= 每天需求量 × 订货提前期

= 订货提前期 ×（全年需求量/360）

（2）在需求和订货提前期都不确定的情况下，安全库存的作用是满足需求变动和提前期变动所导致的库存需求量的增加。计算公式为：

订货点 = 订货提前期的平均需求量 + 安全库存

= 平均需求量 × 最大订货提前期 + 安全库存

2. 订货批量

订货批量就是一次订货的数量。订货批量直接影响库存量的高低，直接影响货物供应的满足程度。在定量订货法中，每一个具体的品种每次的订货批量都是相同的，通常是以经济批量作为订货批量，当然，批量的确定还应在考虑其他因素基础上，运用经济订货批量的强壮性进行适当调整。

四、定量订货法的优缺点

1. 定量订货法的优点

（1）控制参数确定，实际操作比较简单。

（2）物品的验收、订货、出入库业务可以利用现有规格化量具和计算方式，有效地节约搬运、包装等方面的作业量。

（3）充分发挥了经济批量的作用，可降低库存成本、节约费用，提高经济效益。

2. 定量订货法的缺点

（1）要随时掌握库存动态，就要经常对库存进行详细检查和盘点，工作量大且需要花费大量时间，从而增加了库存保管持有成本。

（2）订货模式过于机械，缺乏灵活性。

(3) 订货时间不能预先确定，对于人员、资金，工作业务的计划安排不利。

(4) 受单一订货的限制，每个品种单独进行订货作业会增加订货成本和运输成本。

子任务4：定期订货法

任务描述

(1) 某汽车制造企业，根据计划每年需采购 A 零件 50 000 个。A 零件的单件为 40 元，每次订购成本为 100 元，每个零件每年的仓储保管成本为 10 元。A 零件每年的总库存成本和最佳订货间隔周期是多少？

(2) 对比定量订货法和定期订货法，在库存管理过程中适用定期订货法的货物具有哪些特点？如何选择订货方法？

网络资源

定期订货法

在线开放课程

知 识 链 接

一、基本原理

定期订货法是指根据预先确定的订货间隔期按期订购物品，以补充库存的一种库存控制方法。通俗地说，每隔一个订货周期就要检查库存，发出订货，每次订货量的大小都要使订货后的名义库存量达到最高库存量。

定期订货法库存量的变化如图 4-20 所示。

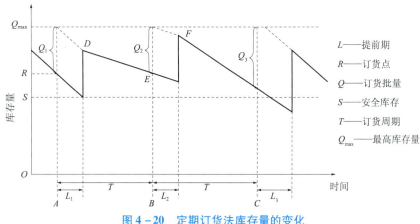

图 4-20　定期订货法库存量的变化

在实施定期订货法之前，预先确定好订货周期 T 与最高库存量 Q_{max}。从 O 时刻开始，当时间到达 A 点时，到达预设的订货周期，于是需要检查库存，此时必须进行盘点。根据盘点结果与预先确定好的最高库存量 Q_{max} 的差额确定订货批量 Q_1，发起订货。然后进入第一周期的订货提前期 L_1。当提前期结束，库存水平下降到最低点，正好到达安全库存 S。此时，所订物品到达，实际库存量上升到高点（D 点）。随后库存量以稳定的速度下降，其间可以不管库存量的变化。当时间到达 B 点的时候，经过一个周期又到了按期检查订货的时间，又开始检查库存，发出订货 $Q_2 = Q_{max} - Q_E$，进入第二周期的提前期。每个周期都按照这个规律循环下去。

二、控制参数

1. 订货周期 T 的确定

采用定期订货法时，每两次订货的间隔时间总是相等的。订货周期的长短直接决定最高库存量的大小，进而也决定了库存成本的多少。所以，订货周期太长会使库存成本上升；太短会增加订货次数，使得订货费用增加，进而增加库存总成本。从费用角度出发，要使总成本达到最低，可以用经济订货批量的计算公式，确定使库存成本最低的经济订货周期。

假设物品的需求率是连续均匀的，补充供应的订货提前期也是固定的。

对于定期订货法而言，年度库存总成本可以表示为：

扫一扫

定期订货法
（微课）

> **想一想**
> 订货周期的大小对库存成本以及订货成本有什么影响?

$$TC = C_1 + C_2 + C_3$$
$$= mC + \frac{DPF}{2m} + DP$$
$$= \frac{C}{T} + \frac{DPFT}{2} + DP$$

式中,m——每年的订货次数,$m = \frac{1}{T}$;

$\frac{D}{2m}$——平均库存量,$\frac{D}{2m} = \frac{DT}{2}$;

T——订货间隔期,单位以年计,$T = \frac{1}{m}$;

D——年需求量(件/年);

C——每次订货成本(元/次);

K——每件物品平均每年储存保管费用[元/(件·年)];

F——单位物品年储存保管费率(%);

P——每件物品购进成本(元/件)。

为求得年度总成本的最小值,将上式对 T 求导数,并令一阶导数为 0,得到经济订货周期的计算公式为:

$$T = \sqrt{\frac{2C}{KD}} = \sqrt{\frac{2C}{PFD}}$$

在实际操作中,结合供应商的生产周期或供应周期来调整经济订货期,从而确定一个合理可行的订货周期。也可以结合人们比较习惯的单位时间,如周、旬、月、季等来确定经济订货周期,从而与企业的生产计划、工作计划相吻合。

2. 最高库存量 Q_{max} 的确定

定期订货法的最高库存量是为了满足周期 T 和订货提前期 L 期间外,考虑到不确定因素,增加一个安全库存 S。因此,Q_{max} 由两部分组成。一部分是 $T+L$ 的平均库存需求量,另一部分是为防止随机性需求而设置的安全库存量 S。最高库存量的计算公式为:

$$Q_{max} = d(T+L) + S$$

式中,Q_{max}——最高库存量;

d——($T+L$)期间的平均库存需求量;

T——订货周期;

L——平均订货提前期;

S——安全库存量。

3. 订货量的确定

定期订货法没有固定不变的订货批量,每个周期订货量的大小等于该周期的最高库存量与实际库存量的差值。这里所谓的"实际库存量"是指检查库存时仓库所实际具有的能够用于销售供应的全部物品的数量。订货量的确定方法是:

订货量 = 最高库存量 − 现有库存量 − 订货未到量 + 待出库货数量

> **想一想**
> 学生在校期间一般以什么样的方式从父母处获取生活费,定量还是定期?学生该如何管理好生活费?

三、定期订货法的应用

（1）直接运用定期订货法只适用于单一品种的订货，稍加处理也可以用于几个品种的联合订货。

（2）定期订货法不但适用于随机型需求，也适用于确定型需求。不同的需求类型有不同的运用形式，但它们的应用原理都是相同的。

（3）定期订货法一般适用于品种数量多、占用资金较少的 C 类库存和 B 类库存。

四、两种库存控制方法的比较

定期订货法和定量订货法在运行机制上有所不同。定量订货法是"事件驱动"，而定期订货法是"时间驱动"。也就是说，定量订货法在达到规定的再订货水平后就进行订货，主要取决于对库存的需求情况。相比而言，定期订货法只限于在预定的期末进行盘点和订货，是由时间驱动的。具体而言，两种订货方法在以下几个方面有所区别：

（1）提出订货请求的时点标准不同。定量订货法在库存量降到预订的订货点时，提出订货请求；定期订货法在到达预先规定的订货间隔周期时提出订货请求。

（2）请求订货的物品批量不同。定量订货法每次请购物品的批量相同，都是事先确定的经济批量；而定期订货法每次规定的请求订货期、订购的物品批量都不相同，是根据实际库存量经过计算以后确定的。

（3）库存物品管理控制的程度不同。定量订货法要求仓库作业人员进行严格的库存控制，经常检查、详细记录、认真盘点，随时掌握库存的余量；而定期订货法只要求按周期进行一般的管理，定期盘点即可。

问题思考与研讨

如何根据仓库库存物资情况，通过数据搜集和再计算确定库存控制策略？

能力训练

仓库物品库存管理策略制定

某生产企业第二季度物料库存情况如表 4-13 所示，请确定仓库各物资的库存管理策略。

表 4-13 某企业第二季度物料库存汇总表

物料名称	品种数量	需求数量	主要单位	库存金额/元
中纤板加工板	136	175 992	块	13 289 778.79
通用五金	55	25 137 302	个	6 890 674.21
油漆及天那水	95	339 004.9	千克	6 691 005.98
刨花板加工板	87	35 251	块	4 571 994.95
实木	43	617.1483	立方米	3 203 353.24
封边条	188	4 225 662.5	米	2 984 680.78
杂木外购件	256	79 484.91	块	2 798 270.08
五金杂件	614	2 851 908.1	个	2 521 401.33
布料皮革	98	42 067.83	平方米	2 385 858.44
工具耗材	1 125	1 152 093	个	1 359 080.13
纸箱	1 413	290 277	个	1 208 781.68
木皮	145	30 122.02	块	665 519.37
玻璃	242	34 040	块	655 858.33
保丽龙	497	1 487 541	片	649 777.78
胶黏剂	497	3 624	千克	643 744.38
珍珠棉	17	607 788	张	578 688.84
贴面纸	46	228 694	米	447 187.84
蜂窝纸芯	7	51 968	平方米	330 890.31
其他	253	10 203	其他	202 556.72

任务三检测单

自我检测

检测题目：学银在线巩固提升测验题

小组检测

检测题目：仓库物品库存管理策略制定
检测要求：以小组为单位，通过计算，确定库存管理策略
检测标准：1. 团队合作（5分）；2. 思路清楚（10分）；3. 数据准确（5分）；
　　　　　4. 策略有效（10分）
小组互评：_____

教师检测

检测标准：1. 团队合作（10分）；2. 数据准确（10分）；3. 策略有效（10分）
教师点评：_____

检测评分

自我检测 （40分）	同步测验 （40分）			
小组检测 （30分）	团队合作 （5分）	思路清楚 （10分）	数据准确 （5分）	策略有效 （10分）
教师检测 （30分）	标准1. 团队合作（10分）			
	标准2. 数据准确（10分）			
	标准3. 策略有效（10分）			
合计 （100分）				

个人反思

任务四　物品盘点

任务导入

宏达物流有限公司公司成立于2001年9月，位于江苏省苏州市经济开发区，主要从事小家电和快消品的仓储与配送服务，公司拥有占地1 000平方米的自动化立体仓库和3000平方米的普通仓库，员工500余人。其始终坚持以创新推动中国物流发展为使命，自建营业网点、自购车辆、自选最优路线，严格执行标准化作业，全面实施6S管理，为广大客户提供安全、快速、便捷、满意的物流服务。

小明今年刚入职宏达公司，在仓储业务部从事仓库管理员工作。2019年，公司财务人员会同仓库管理员对仓库货物进行盘点。小明作为仓库管理员，需要在规定的库存区域内对库存物品进行盘点检查，核对现有存货与账目记载数量是否一致，查明各项货物的可用程度，发现不良品、呆滞品记录下来，并用货卡标识出来。最后填写盘点盈亏表，对盈亏作出分析和处理。

课前检测： 学银在线新手上路测验题

> **课堂笔记**

子任务1：盘点策略确定

任务描述

（1）根据以下情形，分析小明对货物的哪些方面进行了盘点。

2019年12月3日，小明在小家电仓库逐一对各类豆浆机、电磁炉进行了清点，实际在库货物3 000件。其中有20件货物包装出现破损，3件入库时间是2015年3月5日，积压时间超过2年，其他都保存良好。除此之外，小明也对整个仓库的灭火器、水管、电线进行了查看，记录了仓库货物的堆码、货架承重、机械设备等情况。

_____
_____
_____
_____
_____

（2）对仓库货物实物盘点有期末盘点和循环盘点两种方式。查询资料分析这两种盘点方式的差异并记入表4-14中。

表 4-14 分析两种盘点方式

盘点方式	期末盘点	循环盘点
周期		
所需时间		
所需人员		
盘差情况		
对营运的影响		
对品项的管理		
盘差原因追究		

（3）在盘点中，为了使盘点不影响生产并能及时发现差错，将 ABC 分类法与物品盘点相结合，可以提升盘点效率。ABC 分类结果及盘点间隔、盘点误差要求如表 4-15 所示。

表 4-15 ABC 分类及盘点

类别	盘点间隔期	允许盘点误差/%
A	1 次/月	±0.5
B	1 次/季	±1
C	1 次/半年	±2

①这种盘点方式是期末盘点还是循环盘点？

_____

②假设表 4-16 中所有物品上一次盘点时间为 2020 年 1 月 1 日，请确定下次盘点时间。

表 4-16 货物盘点时间

物品名称	ABC 分类结果	下次盘点时间
九阳豆浆机	A	
美的饮水机	B	
苏泊尔电饭煲	A	
小熊电热煮锅	B	
小熊理发器	C	
IPad 数据线	A	
先科收音机	B	
奥克斯婴儿洗衣机	A	

③在开始货物盘点之前，仓库管理员小明应该做哪些准备？

_____

网络资源

关于盘点

在线开放课程平台

知识链接

一、盘点的概念

盘点是指定期或临时对库存货物实际数量进行清查、清点的作业,即对仓库现有货物的实际数量与保管账上记录的数量相核对,检查有无残缺和质量问题,以便准确掌握货物数量,进而核对金额(图4-21)。盘点是保证储存货物达到账、物、卡相符的重要措施之一。只有使库存货物经常保证数量准确和质量完好,仓储部门才能更有效地为生产、流通提供可靠的供应保证。因此,在库作业管理必须十分重视盘点工作。

图4-21 盘点作业

扫一扫

盘点相关术语(文本)

二、盘点的目的和内容

1. 盘点的目的

(1)查清账面库存数量与实际库存数量。理论上,账目的数字和实际数字应该是一致的,但在实际作业活动中因出入库作业频繁而出现计量计数的误差,如错记、漏记或误记,错放混放,丢失、损耗等情况,致使盘点时往往发生账、物、卡不符的情况。盘点可以查清实际库存数量,并通过盈亏调整使账面上的库存数量与实际库存数量一致。通过盘点可以清查实际库存数量与账面库存数量，发现问题并查明原因，及时调整，使得物、账、卡一致。

（2）确认企业损益。对于货主企业来讲，库存货物总金额直接反映企业流动资产的使用情况，如果库存量过高，流动资金的正常运转将受到威胁。而库存金额又与库存量与单价成正比，因此，通过盘点，能够准确计算企业实际损益。

（3）发现仓库管理中存在的问题。通过盘点可以查明亏盈的原因，发现作业与管理中存在的问题，并通过解决问题来改善作业流程和作业方式，提高人员素质和企业的管理水平。

2. 盘点的内容

（1）查数量。通过点数查明在库货物的实际数量，核对账目资料与实际库存数量是否一致。

（2）查质量。检查在库货物质量有无变化、有无超过有效期和保质期、有无长期积压等现象，必要时还需对物品进行技术检验。

（3）查保管条件。检查各种安全措施和消防设备、器材是否符合安全要求、建筑物和设备是否处于安全状态。

> 扫一扫
>
> 期末盘点与循环盘点差异比较（文本）

三、盘点的方式

（一）按照账或者物分

1. 账面盘点

账面盘点又称为永续盘点，就是把每天入库及出库货物的数量及单价记录在电脑或账簿上，而后不断地累计加总算出账面上的库存量及库存金额。

2. 现货盘点

现货盘点又称为实地盘点（或实盘），也就是实际去点数调查仓库内的库存数，再依货物单价计算出实际库存金额的方法。现货盘点依盘点时间频度的不同又可分为期末盘点及循环盘点。

（1）期末盘点。由于期末盘点是将所有品种货物一次盘完，因而需要全体员工一齐出动，采取分组的方式进行盘点。一般来说，每组盘点人员至少要三人，以便能互相核对减少错误，同时也能彼此牵制。

（2）循环盘点。循环盘点即是将每天或每周当作一周期来盘点，除了减少过多的损失外，还可对于不同货物施以不同管理。价格越高或越重要的物品盘点次数越多，价格越低越不重要的物品盘点次数尽量减少。循环盘点因一次只进行少量盘点，因而只需专门人员负责即可，不需动用全体人员。

> 想一想
>
> 如果一个企业长时间不进行库存盘点，会有什么后果？

（二）按照盘点周期分

1. 定期盘点

定期盘点每次盘点间隔时间相同，一般是每季、半年或年终财务结算前进行一次全面的盘点。由货主派人会同仓库管理员、会计人员一起进行盘点对账。定期盘点需要关闭仓库，全面清理，可避免盘点中的疏漏，保证结果准确。

2. 不定期盘点

不定期盘点也可称为临时盘点，一般是当仓库发生货物损失事故或保管员更换，

> 查一查
>
> 上网查找生鲜货物盘点的注意事项。

或仓库与货主认为有必要进行盘点时，可根据具体情况确定盘点的内容与规范，组织进行一次局部性或者全面的盘点。

四、盘点方法

1. "人-机"盘点

"人-机"盘点通常是在自动化立体仓库和自动分拣线上进行，用WMS（仓储管理系统）的盘点系统，利用电子标签和手持终端系统进行人机配合盘点。

2. 人工盘点

人工盘点作业常用三人小组法。三人小组法的操作要领和作业细节如下：

（1）盘点人员要熟知企业盘点制度。

（2）选择盘点人员，每组3人，根据工作量和时间要求组成小组若干。

（3）提供盘点货位配置图。

（4）接受盘点作业任务。

（5）每组分工后，1人按配置图进行每一物品盘点，并将盘点结果记入盘点表，1人对前面所完成的作业进行复盘，1人负责核查前两人的盘点数据，如结果一致则将盘点结果记入盘点调整表的盘点数栏，如不一致则由第3人再一次将结果与前两人的盘点结果对照，如一致则将结果记入盘点调整表。

（6）盘点时有可能出现盘盈或盘亏，不论盘盈或是盘亏都要认真查找原因，有时可能会出现混货和错货，应认真核对并进行调整。

（7）根据盘点结果填制盘点盈亏汇总表。

（8）根据盘点盈亏汇总表，制作盘点卡。

子任务2：盘点盈亏处理

任务描述

（1）5人一个小组，自主寻找一个小规模仓库或连锁店确定盘点物品，用定期盘点法对其进行盘点，并填写表4-17、表4-18。

表4-17 盘点盈亏汇总

年　月　日

品名	类别	规格	单位	单价	账面数量	盘点数量	盘盈		盘亏		差异原因	
							数量	金额	数量	金额	说明	对策

会计主管：　　　　　　　　　　　　　　　　　　　　　　　制表：

表4-18 盘盈（亏）库存账目调整

年		凭证		摘要	收入	发出	结存
月	日	种类	号码				

（2）根据盘点表，结合实际，分析出现盘盈盘亏的原因。

_____

_____

网络资源

仓库盘点管理制度　　　盘点流程　　　在线开放课程平台

知识链接

一、盘点作业流程

盘点作业流程如图4-22所示，可按照以下步骤进行。

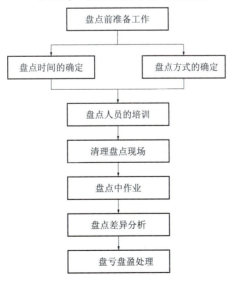

图4-22　盘点作业流程

> 想一想
> 如果你是一个便利店的老板，你如何安排店里货物的盘点时间？

（一）盘点前准备工作

明确建立盘点的程序方法，配合会计决算进行盘点；对盘点人员进行培训，盘点人员必须熟悉盘点要用到的各种表格和单证；完成盘点所用各种表格的印刷工作，准备盘点所用的工具，并对盘点物品进行结清。

（二）盘点时间的确定

一般性物品就货账相符的目标而言，盘点次数越多越好，但因为每次盘点必须投入人力、物力、财力，使成本增加，所以把盘点次数控制在合理水平上很有必要。既要防止过久盘点对企业造成损失，又要考虑资源的有限性，因而最好根据仓库内物品性质不同确定不同的盘点时间。

> 查一查
> 上网搜集盘点相关的制度、注意事项。

（三）盘点方式的确定

因为不同现场对盘点的要求不同，盘点的方式也会有差异，为尽可能快速准确地完成盘点作业，必须根据实际需要确定盘点方式。

（四）盘点人员的培训

初盘时，应由管理该类物品的人员来实施盘点，由后勤人员及部门主管进行交叉的复盘及抽盘工作。对于各部门增援的人员必须施以短期训练，培训内容如下：

（1）针对所有人员进行盘点方法训练。只有对盘点的程序、表格的填写充分了解，工作才能得心应手。

（2）针对复盘与监盘人员进行认识物品的训练。因为复盘与监盘人员对物品大多并不熟悉，故而应加强物品的认识，以便于盘点工作的进行。

（五）清理盘点现场

（1）储存场所在关闭前应通知各部门预先领取需要的物品。

（2）储存场所整理整顿完成，以便计数盘点。

（3）预先鉴定呆料、废品、不良品，以便盘点时的鉴定。

（4）账卡、单据、资料均应整理后加以结清。

（5）储存场所的管理人员在盘点前应自行预盘，以便提早发现问题并加以预防。

（六）盘点中作业

盘点时因工作单调琐碎，人员较难以持之以恒，为确保盘点的正确性，除人员培训时加强教育外，盘点工作进行中加强指导与监督非常重要。

（七）盘点差异分析

在盘点时，如果发生盘点所得实际数量与库存账面数量不符时，仓库管理人员要分析其产生的原因。盘点差异产生的原因是多方面的，可能是仓库管理人员日常管理出现差错，也有可能是盘点人员在盘点时技术有误。

扫一扫
盘点差异的处理方法
（文本）

（八）盘亏盘盈处理

实存数大于账面结存数量或有物无账的情况即发生了盘盈；实存数小于账面结存数或有账无物的现象即发生了盘亏。

1. 上报盘点结果

盘点分析后，仓库管理人员应该向上级部门及时报告盘点结果，并对在盘点中产生的盈亏进行处理。为使主管部门及时了解库存情况，仓库管理人员应该根据盘点结果，分析差异产生原因并制定对策，填写《盘点盈亏汇总表》，如表4-19所示，并请上级主管部门就盘点差异的处理方法进行批示。

表 4-19 盘点盈亏汇总

年　　月　　日

品名	类别	规格	单位	单价	账面数量	盘点数量	盘盈		盘亏		差异原因	
							数量	金额	数量	金额	说明	对策

会计主管：　　　　　　　　　　　　　　　　　　制表：

2. 调整账面存量

根据盘点后的结果，仓库管理人员要办理库存账目、保管卡的更改手续，以保证账、物、卡重新相符。账目调整包括库存账目的调整与保管卡账目的调整。

（1）调整库存账目

调整库存账目时，仓库管理人员应该根据盘点结果，在库存账页中将盘盈数量做收入处理，将盘亏数量做发出处理，并在摘要中注明盘盈（亏），如表 4-20 所示。

表 4-20 盘盈（亏）库存账目调整

年		凭证		摘要	收入	发出	结存
月	日	种类	号码				
…	…	…	…	…	…	…	…
12	30	领料单	05123005			5 000	146 000
1	1	盘点单	060101	盘亏		5 000	141 000

（2）调整保管卡。

仓库管理人员调整保管卡时，也应该在收发记录中填写数量的变更，具体方法如表 4-21 所示。

表 4-21 盘盈（亏）保管卡调整

收发记录							
日期	单据号码	发料量	存量	收料量	退回	订货记录	备注
…	…	…	…	…	…	…	…
12 月 30 日	05123005	5 000	146 000				
1 月 1 日	060101	5 000	141 000				盘亏

问题思考与研讨

如何建立一套完整的盘点作业流程与制度？

能力训练

仓库货物盘点作业

今收到盘点指令如下，请各小组完成盘点任务。

盘点指令

由于近期月华仓库业务较多，要求在 2020 年 5 月 30 日对仓库的 6 个货区进行一次现货盘点。各货区经理全面负责本区盘点工作。

月华物流有限公司
2020 年 5 月 25 日

每个小组负责一个分区，分别扮演货区经理 1 人、初盘 2 人、复盘 2 人、仓库管理员 1 人、记录员 1 人，按如下步骤共同完成仓库盘点作业。

第一步：讨论制订盘点计划，并展示；

第二步：各区进行现货盘点，填写盘点表格；

第三步：各区对盘点结果进行分析及处理，货区经理草拟盘点报告；

第四步：货区经理汇报本区盘点结果；

其他成员现场观摩、监督，货区经理根据初盘和复盘的操作流程对其进行考核。

任务四检测单

自我检测

检测题目：学银在线巩固提升测验题

小组检测

检测题目：仓库货物盘点作业
检测要求：以小组为单位，首先进行方案设计，然后分角色完成仓库货物盘点作业
检测标准：1. 团队合作（5分）；2. 盘点表项目完整（10分）；3. 填写准确清晰（5分）；4. 盘点作业流程完整（10分）
小组互评：_____

教师检测

检测标准：1. 团队合作（10分）；2. 数据准确（10分）；3. 盈亏处理得当（10分）
教师点评：_____

检测评分

自我检测（40分）	同步测验（40分）			
小组检测（30分）	团队合作（5分）	盘点表项目完整（10分）	填写准确清晰（5分）	盘点作业流程完整（10分）
教师检测（30分）	标准1. 团队合作（10分）			
	标准2. 数据准确（10分）			
	标准3. 盈亏处理得当（10分）			
合计（100分）				

个人反思

改错	重点内容回顾

小结

项目五
物品出库作业

【学习目标】

- **知识目标**
1. 能够说出货物的出库流程
2. 熟悉货物的出库单据
3. 掌握存货分配的原则
4. 掌握分拣作业的过程
5. 掌握两种常见的分拣方法
6. 熟悉退货作业的流程

- **技能目标**
1. 能够完成出库单据的填写
2. 能够判断有效与无效订单
3. 能够按客户优先权对订单进行排序
4. 能够根据订单的特点制作分拣单据并进行分拣作业
5. 能够顺利完成一批货物的出库工作
6. 能够根据退货原因正确处理退货作业

- **素质目标**
1. 培养忠诚企业的素养
2. 培养团队合作精神
3. 树立责任和服务意识

166 仓储作业管理

【内容架构】

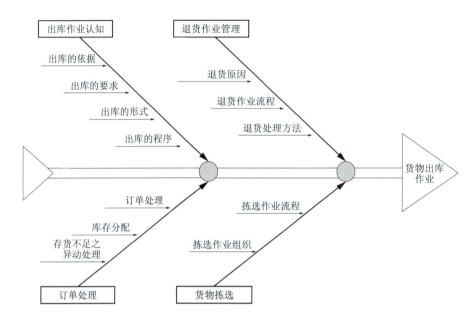

【引入案例】

惠尔仓储

惠尔物流遍布全国 400 多个大中城市，同时管理着全国约 10 万平方米的仓库，年吞吐量超过百万吨。惠尔的仓储业务具备三大优势：现代的仓储设施、科学的仓储管理、高效的分拨能力。总面积达 10 万平方米的标准仓库和立体仓库能够满足不同客户对仓储的需求。在收货、储存、包装、发送、配送业务等各方面有一整套完备的业务流程和严格的管理制度，为客户提供了高效科学的仓储管理。其出库作业流程如图 5-1 所示。

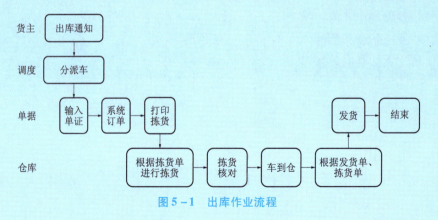

图 5-1 出库作业流程

说明：

（1）输入单证：如果客户无法提供订单电子表格信息，需要信息员手工录入订单。

（2）系统订单：针对波次进行分配（包括批次、包装、库位等信息）。

（3）拣货：针对波次进行拣货，按整箱区和零散区分开；拣货单打印两张，拣货单上应有拣货人（签字）、拣货时间、发货人（签字）、发货时间段。

（4）根据拣货单进行拣货：拣货员拣货完成后在拣货单上签字。

（5）拣货核对：主要是在有变动的拣货库位上根据波次中品种和批次汇总量进行核对。

（6）车到仓：发货人员在拣货单上签字。

（7）结束：如果需要再打印出库单。

思考：

1. 出库作业流程中，是如何应用EDI（Electronic Data Interchange，电子数据交换）进行数据传输的？
2. 在拣货环节存在什么问题，如何解决？
3. 出库作业流程中存在什么问题，如何优化？

任务一　出库作业认知

任务导入

2020年5月31日，众物智联物流与供应链集团仓库接到下游客户一份提货单，提货商品为空气净化器，规格590mm×490mm×480mm，数量为600箱，于2020年6月2日下午3点发货。

现已知客户要求以带板运输的方式发往客户，并要求该产品托盘码放层数不超过3层为一个集装单元，以拉伸膜对集装单元做整体加固。仓库现有托盘规格为1 200mm×1 000mm×150mm，现有车辆规格为飞翼车（本车运输本批货物不超重），车厢内尺寸为9.6m×2.42m×2.4m。

作为众物智联物流与供应链集团仓库主管，王顺利该如何编制本次出库计划？

小贴士

带板运输

带板运输就是叉车直接将带有托盘的货物进行装车，免除人工装卸环节，速度快，效率高。通常价值稍高的货物采用此种运输方式。带板运输会占用一部分空间，不能充分利用车辆装载率。

课前检测：学银在线新手上路测验题

任务描述

(1) 讨论出库作业的关键环节和易错点。

(2) 结合不同企业的类型,分别介绍出库作业特点并填在表 5-1 中。

表 5-1 出库作业特点分析

企业类型	企业名称	出库作业特点
生产企业		
零售企业		
批发企业		
仓储式超市		
物流中心		

(3) 分析以下企业活动的出库形式。

①按照企业合同,法士特公司将变速箱从仓库调出发往陕汽集团。

②达利公司员工持物品调拨通知单到朱宏物流中心出库 10 吨玉米。

③飞扬公司将存放在苏州工业园区库房的一批板材调往成都青白江物流园区。

④科信公司销售员申请将存放在库房的 3 种螺纹钢调出发往广州通远钢材销售公司。

⑤阳光集团将天津武清区工业园区库房的一批石材所有权变更为华研石料公司。

(4) 画出一般出库作业流程。

网络资源

FINEEX 发网

商品出库

在线开放课程平台

知 识 链 接

物品出库是物品储存业务的最后一个环节，是仓库根据业务部门开出的物品出库凭证，按所列项目组织物品出库的一系列工作的总称。

一、物品出库的形式

1. 送货

仓库根据货主单位预先送来的物品调拨通知单，通过发货作业，把应发物品由运输部门送达收货单位，这种发货形式就是通常所称的送货。

送货要划清交接责任。仓储部门与运输部门的交接手续是在仓库现场办理完毕的。运输部门与收货单位的交接手续根据货主单位与收货单位签订的协议，一般在收货单位指定的到货目的地办理。

送货具有"预先付货、按车排货、发货等车"的特点。仓库送货有多方面的好处：仓库可预先安排作业，缩短发货时间；收货单位可避免因人力、车辆等不便而发生的取货困难；可合理使用运输工具，减少运费。

扫一扫
出库的依据、要求（文本）

2. 自提

由收货人或其代理持物品调拨通知单直接到库提取，仓库凭单发货，这种发货形式就是仓库通常所称的提货。它具有"持单到库，随到随发，自提自运"的特点。为划清交接责任，仓库发货人与提货人在仓库现场要对出库货物当面交接清楚并办理签收手续。

3. 过户

过户是一种就地划拨的形式，货物虽未出库，但是所有权已从原存货户转移到新存货户。仓库必须根据原存货单位开出的正式过户凭证予以办理过户手续。

4. 取样

货主单位出于对货物质量检验、样品陈列等需要，到仓库提取货物样品而需要开箱拆包、分割，形成部分货物出库。货主取样时必须持有仓单，仓库也必须根据正式取样凭证发给货物样品，并做好账务记载。

5. 转仓

货主为了业务方便或改变储存条件，需要将某批库存货物自甲库转移到乙库，这就是转仓。仓库必须根据货主开出的正式转仓单办理转仓手续。

二、出库作业的基本流程

（一）核对出库凭证

1. 了解出库单据

（1）提货单。提货单是指提货人向仓库提取货物的正式凭证。企业一般采用自提和送货两种出库方式。

（2）出库单。出库单一般作为销售或第三方物流仓库的出库凭证，通常包括货物的名称、编号、数量、价格等内容。

扫一扫
出库单
（图片）

2. 出库凭证审核

（1）审核内容。接到货物出库单后，仓库保管人员应对以下内容进行认真审核。

①出库单所列的发货仓库名称、提单联字样有无错误。

②出库单上印鉴是否齐全。

③物品的品名、规格、等级、型号、单价等是否与库存物品相符。

④凭证字迹是否清楚，有无涂改现象。

⑤提货日期是否逾期。

（2）问题处理。

①发现出库单有假冒、复制或有涂改痕迹的，应及时与保卫部门及领导联系，请其妥善处理。

②发现出库单有疑点或与库存货物不符的，应立即同制票人员取得联系，及时查明或更正。

③发现超过提货期限的，应请客户重新办理提货手续。

④如客户将出货单遗失，应将持单位证明先到制票人员处挂失，再到仓库保管人员处挂失，将原凭证作废，补办手续后再安排发货。

想一想
不同出库形式下的出库单据有什么不同？试着为每种出库形式设计并填写一张出库单。

（二）货物出库准备

1. 拣货作业

拣选作业是根据出库信息或订单，将顾客订购的货物从保管区或拣货区取出或直接在进货过程中取出，并运至配货区的作业过程。

2. 配货作业

分拣作业完成以后，接着是配货作业。首先，根据用户或配送路线进行分类，把物品集中放置在缓冲区。然后，进行配货检查，保证发运前的货物品种、数量、质量无误。最后，对配送货物进行重新包装、打捆，以保护货物，提高运输效率，便于配送到户时客户能够快速、准确地识别各自的货物等。配货作业通常有单一配货和集中配货两种形式。

扫一扫
全自动打包
（视频）

①单一配货作业是指每次只为一个客户进行配货服务，因此单一配货作业的主要内容是对物品进行组配和包装。一般来说，如果整托盘拣取的物品允许整托盘发运，那么需要进行固定作业，也就是用包装膜或绳索将物品固定在托盘上；如果整托盘拣取的物品不采取托盘运输，那么需要将物品先从托盘上卸下，然后将其进行捆装。对于整箱拣取的货物一般需要进行打包作业；单件拣取的货物应进行装箱作业，以免货

物丢失或损坏。

②**集中配货作业**是指同时为多个客户进行配货服务，通常比单一配货多拆箱、分类的程序。

3. 加工作业

加工作业是在货物由生产领域向消费领域流动的运输过程中，为提高物流效率和运输实载率而对货物进行的流通加工。

（三）货物复核

通过货物复核，可以保证出库货物数量准确、质量完好、包装完整，杜绝差错的发生。

1. 复核出库单据

复核出库单据主要是审查货物出库凭证有无伪造编造、是否合乎规定手续、各项目填写是否齐全等，具体内容如下：

（1）凭证有无涂改、过期。
（2）凭证中各栏项目填写是否正确、完整等。
（3）凭证中的字迹是否清楚。
（4）印鉴及签字是否正确、真实、齐全。
（5）出库物品应附的技术证件和各种凭证是否齐全。

2. 复核实物

（1）核对货物的品种、规格、牌号、单位、数量与凭证是否相符。
（2）核对货物的包装是否完好，外观质量是否合格。

3. 复核账、货结存情况

复核时，仓库保管人员还应对配货时取货的货垛、货架上货物的结存数进行核对。检查数量、规格等与出库凭证上标明的账面结存数是否相符，并要核对货物的货位、货卡有无问题，以做到账、物、卡相符。

4. 做好复核记录

复核完成后，仓库保管人员应该根据实际情况做好复核记录，并填写出库复核记录。

（四）待发物品包装

（1）对同一种物品，包装须尽量做到标准化、统一材料、统一规格、统一容量、统一标志和统一封装方法。
（2）根据物品外形特点选用适宜的包装材料，使其重量和尺寸便于装卸和搬运。
（3）包装要符合运输要求，做到牢固、稳定，并采取适当的防潮、防震措施。
（4）在不影响运输及搬运效率的前提下，尽量只对同一类物品进行混合包装，严禁将互相影响或性能互相抵触的货物混合包装。
（5）充分利用包装的容积，节约包装材料。

（五）待发物品刷唛

刷唛指印刷唛头，**唛头通常由图形、字母、数字及简单的文字组成**，其作用在于使货物在装卸、运输、保管过程中容易被有关人员识别，以防错发、错运。唛头的内容繁简不一，由买卖双方根据货物特点和具体要求商定，其主要内容一般包括收货人

扫一扫

唛头（视频）

代号、发货人代号、目的港（地）名称、件数、批号，有的还包括原产地、合同号、许可证号、体积和重量等内容。

对于包装好的货物，仓库保管人员应在其外包装上印刷或标打唛头，并根据需要在相应的位置印刷或粘贴条形码。这些工作完毕后就可以向接货人交货了。

（六）清点交接

向接货人员发货时，仓库保管人员应按照出库凭证逐笔向接货人员清点，然后将货物交给接货人员。交清后，仓库保管人员须在出库凭证上签名，并加盖"物品付讫"日戳，同时给接货人员开具出门证，以便门卫放行。

（七）登账记录

（1）整理并统一保管出库凭证，然后根据出库凭证填写物品库存账。

（2）复核物品保管卡，确保账、物、卡相符。

（3）整理物品档案，并依据该批物品出入库的情况、保管方法和损耗数量，总结保管经验。

（八）装载上车

装载上车是指车辆的配载，即根据不同配送要求，在选择合适的车辆的基础上对车辆进行配载，以达到提高车辆利用率的目的。

由于货物品种、特性各异，为提高配送效率、确保质量，首先必须对特性差异大的货物进行分类，并分别确定不同的运送方式和运输工具。

由于配送货物有轻重缓急之分，须预先确定哪些货物可配于同一辆车、哪些不能配于同一辆车，以做好车辆的初步配载工作。

在具体装车时，装车顺序或运送批次的先后一般按用户的要求时间先后进行，同一车辆要将货物依"后送先装"的顺序装车。

（九）现场清理

仓库保管人员应在物品出库后对仓库进行清理，具体工作主要有以下几个方面：

（1）清理现场，根据储存规划要求对货物进行并垛、挪位，腾出新货位，以备新来货物存放。

（2）清扫发货现场，保持清洁、整齐。回收用过的苫垫材料并妥善保管，以使其能够循环利用。

（3）清查发货设备和工具有无丢失、损坏。

（4）发货完毕后，应整理出入库、保管保养及盈亏数据等情况，并记入档案，妥善保管以备查用。

问题思考与研讨

讨论出库作业流程及各环节异常情形的处理方法。

能 力 训 练

众物智联物流与供应链集团仓库出库作业流程

以小组为单位,讨论众物智联物流与供应链集团仓库 2020 年 5 月 31 日接到的下游客户提货单,提货商品为空气净化器,试完成出库作业工作方案一份。

_____
_____
_____
_____
_____
_____
_____
_____
_____

任务一检测单

自我检测

检测题目:学银在线巩固提升测验题

小组检测

检测题目:众物智联物流与供应链集团仓库出库作业流程
检测要求:以小组为单位,形成 PPT 报告,课堂进行汇报
检测标准:1. 团队合作(5 分);2. 讲解思路(10 分);3. 任务质量(15 分)
小组互评:_____
_____
_____

教师检测

检测标准:1. 紧扣题目要求(10 分);2. 汇报内容完整(10 分);3. 解释有理有据(10 分)
教师点评:_____
_____
_____

检测评分

自我检测（40 分）	同步测验（40 分）		
小组检测（30 分）	团队合作（5 分）	讲解思路（10 分）	任务质量（15 分）
教师检测（30 分）	标准1. 紧扣题目要求（10 分）		
	标准2. 汇报内容完整（10 分）		
	标准3. 解释有理有据（10 分）		
满分（100 分）			

个人反思

任务二　订单处理与货物拣选

课堂笔记

任务导入

2020 年 5 月 20 日上午，某仓储与配送中心接到客户心怀公司、心美公司、心意公司的要货请求，详情如表 5-2～表 5-4 所示。仓储与配送中心部分货品储存情况如表 5-5 所示。

表 5-2　心怀公司请货单

请货单号	QH20160421001	要货部门名称	心怀公司		
联系人	田	电话	33152016		
请货时间	2020-05-20 10：00	交货期要求	2020-05-20 13：00 前		
序号	名称	单位	数量	单价/元	金额/元
1	百事可乐 600mL	箱	3	36.00	108.00
2	康师傅红烧牛肉面 106 克（袋装）	箱	2	24.00	48.00
总计	人民币大写：壹佰伍拾陆圆整				156.00
经办人：李		部门主管：马			

表5-3 心美公司请货单

请货单号	QH20160421002		要货部门名称	心美公司	
联系人	张		电话	33152070	
请货时间	2020-05-20 10:20		交货期要求	2020-05-20 12:00前	
序号	名称	单位	数量	单价/元	金额/元
1	清风原木纯品200抽	箱	2	65.00	130.00
2	清风原木纯品3层卷纸	箱	1	52.00	52.00
3	百事可乐600mL	箱	3	36.00	108.00
4	可口可乐330mL	箱	5	60.00	300.00
总计	人民币大写：伍佰玖拾圆整				590.00
经办人： 李		部门主管： 马			

表5-4 心意公司请货单

请货单号	QH20160421002		要货部门名称	心意公司	
联系人	张		电话	33152077	
请货时间	2020-05-20 10:20		交货期要求	2020-05-20 12:00前	
序号	名称	单位	数量	单价/元	金额/元
1	康师傅麻辣牛肉面106克（袋装）	箱	3	24.00	72.00
2	康师傅红烧牛肉面106克（袋装）	箱	2	24.00	48.00
3	百事可乐600mL	箱	2	36.00	72.00
总计	人民币大写：壹佰玖拾贰圆整				192.00
经办人： 李		部门主管： 马			

表5-5 货物存储信息及包装尺寸信息

序号	商品名称	规格或型号	长/mm	宽/mm	高/mm	在库数量/箱	储位
1	百事可乐600mL	24瓶/箱	380	255	234	15	01030301
2	可口可乐330mL	24罐/箱	402	268	125	4	01030302
3	康师傅红烧牛肉面106克（袋装）	24袋/箱	400	300	130	21	02030101
4	康师傅麻辣牛肉面106克（袋装）	24袋/箱	400	300	130	13	02030201
5	清风原木纯品200抽	24包/箱	425	225	335	10	03010201
6	清风原木纯品3层卷纸	32卷/箱	470	470	295	8	03010202

各客户档案信息如下：

心怀公司档案

心美公司档案

心意公司档案

思考：当库存不足时如何对客户需求进行分配？根据库存分配计划及仓库储存情况，如何制定拣选方案，实施拣选作业？

课前检测：学银在线新手上路测验题

子任务1：订单处理

任务描述

（1）讨论如何进行客户订单有效性判断？

（2）根据2020年5月20日上午某仓储与配送中心接到的心怀公司、心美公司、心意公司的要货请求和仓储与配送中心部分货品储存情况，完成以下任务：

①进行客户订单有效性判断。

②进行客户优先权分析。

③制订库存分配计划。

④处理库存不足的问题。

网络资源

中国物通网

订单处理

在线开放课程平台

课前检测：学银在线新手上路测验题

任务实施

（1）以统一格式录入各客户的订单，并确认订单的有效性，可从以下几个方面考虑：①订单是否过期；②订单金额加上应收账款是否超出信用额度；③订购金额是否核算正确；④是否能够满足订购货物种类、规格等。
（2）查看库存、找出缺货商品。
（3）确定存货分配方案，形成库存分配计划表。
（4）排定客户优先权顺序。
（5）形成存货分配计划表。
（6）与客户沟通确定存货不足时的订单处理方式。

知识链接

一、订单录入

订单登录是指将顾客订货信息转变为公司订单的过程，包括以下步骤：
（1）检查订货信息的准确性，如订货编号、数量、品种、价格等。
（2）检查库存状况是否有货、是否能满足顾客订货条件等。
（3）准备延期订货单据或取消订单，如果不能满足顾客的订货条件，则需同顾客商议，或者改变订货条件，或者延期订货，或者取消订单。
（4）检查顾客信用等级。
（5）规范顾客订单，把顾客的订货信息按照公司所要求的格式规范化。
（6）开单，准备发货单据等。

进行上述工作是必需的，因为订货请求所包含的信息往往与要求的格式不符，无法做进一步处理，因此在交给订单履行部门执行之前还需做一些额外的准备工作。

订单录入可以由人工完成，也可以进行全自动处理。信息技术的迅速发展大大提高了订单登录的效率，条形码扫描技术的广泛应用提高了订货信息输入的速度与准确性，并降低了处理成本。借助计算机技术，库存水平和顾客信用的检查等活动实现了

> **试一试**
> 请根据订单登录的步骤，为配送中心设计项目完整、格式统一的订单。

> **想一想**
> 当客户订单总量大于库存商品总量时，应该如何为客户交货，应考虑哪些因素？

自动化处理。与传统的手工处理相比，自动化的订单登录所需的时间减少了原来的60%以上。

二、存货查询与存货分配

1. 存货查询

此程序在于确认是否有库存能够满足客户需求，通常称为"事先拣货"。存货档案的资料一般包括货物名称、代码、货物描述、库存量、已分配存货、有效存货及期望进货时间。

在输入客户订货商品的名称、代码时，系统即开始查询存货档案的相关资料，看此商品是否缺货，若缺货则应查看是否已经采购等信息，便于接单人员与客户协调是否改订其他替代品或是允许延后出货等权宜办法，以提高人员的接单率及接单处理效率。

2. 存货分配

订单资料输入系统并确认无误后，最主要的处理作业在于如何将大量的订货资料做最有效的汇总分类、调拨库存，以便后续的物流作业能有效地进行。存货的分配模式可分为单一订单分配及批次分配两种。

（1）单一订单分配。此种情况多为线上即时分配，即在输入订单资料时就将存货分配给该订单。

> 想一想
> 拣选作业时，为什么要对订单进行分批？

（2）批次分配。累积汇总数笔已输入的订单资料后再一次分配库存叫做批次分配。因配送中心订单数量多、客户类型等级多，且多为每天固定配送次数，因此通常采用批次分配以确保库存能达到最佳分配。

采用批次分配时，要注意订单的分批原则（表5-6）。

表5-6　订单分批原则

批次划分原则	说明
按接单顺序	将整个接单时段划分成几个区域，若一天有多个配送时段，将订单按接单先后分为几个批次处理
按配送区域路径	将同一配送区域路径的订单汇总一起处理
按流通加工要求	将有加工需求的订单汇总一起处理
按车辆需求	如果配送商品要用特殊的配送车辆（如低温车、冷冻车、冷藏车）或客户所在地、订货有特殊要求，这时可以汇总合并处理

> 想一想
> 我们在为客户订单分配库存时，还可以依据哪些条件来判断？如何综合考虑不同条件？

然而，若以批次分配选定参与分配的订单后，这些订单的商品总出货量大于可分配的库存量，应如何取舍来分配这有限的库存？此时可依据以下4个原则来决定客户订购的优先性。

① 具有特殊优先权者先分配。对于一些例外的订单，如缺货补货订单、延迟交货订单、紧急订单或远期订单等，有优先取得存货的权利。

② 依客户等级来取舍，即将客户重要性程度高的进行优先分配。

③ 依订单交易量或交易金额来取舍，将对公司贡献度大的订单做优先处理。

④ 依客户信用状况将信用较好的客户订单做优先处理。

此外，也可依据上述原则在接收客户订单时即将优先顺序键入（以 A、B、C 或 1、2、3 来表示），而后在做分配时即可依此顺序自动取舍，也就是建立一套订单处理的优先系统。

存货分配方式决定了下一步的拣货作业，如果是单一订单分配，则采用单一顺序拣选；如果是批次分配，则采用批量拣选方式。

三、存货分配不足之异动处理

若现有存货数量无法满足客户需求，且客户又不愿以替代品替代时，则应依客户意愿与公司政策来决定对应方式。

① 方式1：依客户意愿而定。有些客户不允许过期交货，而有些客户允许过期交货，有些客户希望所有订货一同送达。

② 方式2：依公司政策而定。一些公司可以过期向客户进行分批补交货，但一些公司因为成本原因不愿意向客户分批补交货，因此宁愿客户取消订单或要求客户延后交货日期。

配合上述客户意愿与公司政策，将对于缺货的处理方式归纳如下：

1. 重新调拨

若客户不允许过期交货而公司又不愿失去此客户订单时，则有必要重新调拨分配订单。

2. 补交货

（1）若客户允许不足额的订货等待有货时再予以补送，且公司政策亦允许，则采取补送方式。

（2）若客户允许不足额的订货或整张订单留待下一次订单一同配送，则也采取补送处理。

但补交货时需注意，补送的缺货商品要先记录存档。

3. 删除不足额订单

（1）若客户允许不足额订单可等待有货时再予以补送，但公司政策并不希望分批出货，则只好删除不足额的订单。

（2）若客户不允许过期交货且公司也无法重新调拨，则可考虑删除不足额的订单。

4. 延迟交货

（1）有时限延迟交货：客户允许一段时间的过期交货，且希望所有订单一同配送。

（2）无时限延迟交货：不论等多久客户皆允许过期交货，且希望所有订货一同送达，则等待所有订货到达后再出货。

对于此种延迟交货将整张订单延后配送，需要将这些顺延的订单记录存档。

5. 取消订单

若客户希望所有订单一同配达且不允许过期交货，而公司又无法重新调拨时，则只有将整张订单取消。

说一说
补交货与延迟交货的主要区别是什么？

扫一扫

缺货成本在供应链中的地位（文本）

子任务 2：物品拣选

任务描述

扫一扫
屈臣氏物流中心拣选作业
（视频）

扫一扫
拣选作业的流程

（1）讨论常用分拣方法的特点和应用情况。
_____
_____

（2）根据 2020 年 5 月 20 日上午某仓储与配送中心接到心怀公司、心美公司、心意公司的请货要求和仓储与配送中心部分货品储存情况以及订单处理结果，完成以下任务：

①根据这 3 家客户的货物需求信息制定分拣策略。
_____
_____

②根据仓库实际条件选择合适的分拣设备，编制分拣计划，制作分拣单，最终设计出分拣方案。
_____
_____

③分小组实施分拣作业。
_____
_____

网络资源

中国物通网

分拣作业

在线开放课程平台

课前检测：学银在线新手上路测验题

任务实施

(1) 分析播种法与摘果法拣选作业的组织方法，并举例说明。
(2) 分析本任务中 3 个客户的订单特点，判断哪些订单适用于"播种法"，哪些订单适用于"摘果法"，并说明理由。
(3) 依据背景材料，制订分拣作业计划，编制拣货单据。
(4) 依据拣选单，在物流实训室完成实操，要求操作规范，出库货物摆放不倒置，拣选全过程注重 7S 管理。

扫一扫

分拣作业的组织方法之"摘果法"与"播种法"（微课）

知识链接

拣选作业是根据出库信息或订单，将顾客订购的货物从保管区或拣货区取出或直接在进货过程中取出，并运至配货区的作业过程。

一、拣选作业的基本流程

拣选作业的基本流程如图 5-2 所示。

图 5-2 拣选作业的基本流程

1. 生成拣选信息

在拣选作业开始前，首先要核对出库信息，因为出库信息的传递速度和准确程度受仓库信息化程度的影响。有的信息是手工录入的，即对出库凭证进行审核后手工录入；有的信息是通过条码识别录入的。不论哪一种信息传递的方法拣选信息，都是在出库信息的基础上生成的。随着仓储企业信息化水平的提高，信息的传递速度和准确性将会大幅度提高。目前，很多仓储企业都是根据订单处理系统输出的拣货单进行拣选。

扫一扫

分户拣选单（单据）

2. 选择拣选方法

选择拣选方法时需要考虑多方面的因素、环境和条件，要采用最适宜的拣选方法。如订单品种繁多，批量不大，可以对订单进行单一分拣，也就是"摘果式"分拣；订单品种较单一，批量大，可以进行批量分拣，也就是"播种式"分拣。在人员分配上，既可以采用一人分拣法，也可以采用数人分拣或分区分拣；在物品分拣单位的确定上，可以按要求进行以托盘、整箱或单品为单位的分拣；在人货互动方面，可以采取人员固定、物品移动的分拣方法，也可以采用物品固定、人员行走的分拣方法等。

扫一扫

品种拣选单（单据）

3. 实施拣选作业

分拣方法确定以后，就可以进行具体的拣选作业了。在实施拣选作业时，首先要准确找到货位，确认物品，然后将物品挑选、搬运到指定地点。

二、主要的拣选作业组织方法

1. 单一拣选

单一拣选又称"摘果法"，是每次拣选只针对一张订单，不进行订单分批处理的方法。结合分区策略具体可以分为单人拣选、分区接力拣选和分区汇总拣选几种方式。

（1）单人拣选：一张订单由一个人从头到尾全程负责。这种拣选方式制作的拣货单只需将订单资料转为拣选需求资料即可。

（2）分区接力拣选：将存储或拣货区划分成几个区域，一张订单由各区人员采取前后接力的方式共同完成。

（3）分区汇总拣选：将存储区或拣货区划分成几个区域，将一张订单拆成各区域所需的拣货单，再将各区域所拣选的物品汇集一起。

一般来说，单一拣选的准确度较高，很少发生差错，而且机动灵活。这种拣选方式可以根据用户要求调整拣选的先后次序，对于紧急需求，可以集中力量快速拣选。一张货单拣选完毕后，物品便配置齐备，配货作业与拣选作业同时完成，简化了作业程序，有利于提高作业效率。

单一拣选方式比较适用于以下情况：
① 客户不稳定，波动较大。
② 需求种类不多。
③ 需求之间差异较大，配送时间要求不一。

2. 批量拣选

批量拣选又称"播种法"，是将数张订单汇总成一批，再将各订单相同的物品订购数量汇总起来一起拣选处理。

批量拣选的分批方式主要有以下几种：

（1）按拣选单位分批，就是将同一种拣选单位的品种汇总在一起处理。

（2）按配送区域路径分批，就是将同一配送区域路径的订单汇总在一起处理。

（3）按流通加工需求分批，将需加工处理或需相同流通加工处理的订单汇总在一起处理。

（4）按车辆需求分批，就是如果客户所需物品需要特殊的配送车辆（低温车、冷冻、冷藏车），或客户所在地需特殊类型车辆者可汇总合并处理。

与单一拣选相比，批量拣选将各用户的需求集中起来进行拣选，有利于进行拣选路线规划，减少不必要的重复行走。但其计划性较强、规划难度较大，容易发生错误。

批量拣选比较适合用户稳定而且用户数量较多的专业性配送中心，需求数量可以有差异，配送时间要求也不太严格，但品种共性要求较高。

问题思考与研讨

怎样根据客户订单制订分拣作业计划？
_____
_____

> **想一想**
> 除了上述两种拣选方法，你还能想到哪种拣选方法来提高效率？

> **试一试**
> 请根据订单特点，结合摘果法和播种法，将订单分拆，试试设计出新的拣选单。

扫一扫
自动分拣设备
（视频）

能力训练

我配送中心今日上午接到以下 3 个客户的订单，具体内容如表 5-7～表 5-9 所示。

表 5-7 订单一

订单编号		D20031701	订货单位名称		汇美超市
交货期要求		3 月 17 日 18 点前			
序号	商品名称	单位	数量	单价/元	金额/元
1	农夫山泉矿泉水	箱	6	40	240
2	营养快线	箱	9	36	324
3	小茗同学	箱	3	108	324
总计		人民币大写：捌佰捌拾捌元整			888
	经办人：赵		部门主管：刘		

表 5-8 订单二

订单编号		D20031702	订货单位名称		汇天超市
交货期要求		3 月 17 日 12 点前			
序号	商品名称	单位	数量	单价/元	金额/元
1	百事可乐	箱	4	72	288
2	农夫山泉矿泉水	箱	7	48	336
3	小茗同学	箱	6	108	648
总计		人民币大写：壹仟贰佰柒拾贰圆整			1 272
	经办人：赵		部门主管：刘		

表 5-9 订单三

订单编号		D20031703	订货单位名称		汇佳超市
交货期要求		3 月 17 日 20 点前	是否允许延迟交		否
序号	商品名称	单位	数量	单价/元	金额/元
1	百事可乐	箱	5	72	360
2	小茗同学	箱	5	108	540
3	营养快线	箱	12	36	432
总计		人民币大写：壹仟叁佰叁拾贰圆整			1332
	经办人：赵		部门主管：刘		

订单所涉及的商品均储存在该配送中心 1 号仓库的托盘货架区的第一排货架，具体库存信息如表 5-10 所示。

表 5-10　1 号仓库第一排货架库存信息

01010102 农夫山泉矿泉水 18 箱	01010202 好娃娃薯片 18 箱	01010302 营养快线 18 箱	01010402 营养快线 13 箱	01010502
01010101 百事可乐 16 箱	01010201 百事可乐 11 箱	01010301	01010401	01010501 小茗同学 10 箱

根据以上资料，请为 3 个客户分配商品并制定分拣方案。
(1) 制订库存分配计划表。
(2) 给出合理的存货不足的异动处理方式。
(3) 选择合适的分拣方式，制作分拣单据。

任务二检测单

自我检测

检测题目：学银在线巩固提升测验题

小组检测

检测题目：分拣方案设计
检测要求：以小组为单位，形成分拣方案，课堂进行汇报
检测标准：1. 团队合作程度（5 分）；2. 单据设计项目全面（5 分）；3. 拣选方式选择正确（10 分）；4. 存货异动处理方式正确（10 分）

小组互评：

教师检测

检测标准：1. 各单据设计项目全面（10 分）；2. 拣选方式选择正确（10 分）；3. 存货异动处理方式正确（10 分）

教师点评：

检测评分

自我检测 （40分）	同步测验（40分）			
小组检测 （30分）	团队合作 （5分）	单据设计项目 全面（5分）	拣选方式选择 正确（10分）	存货异动处理方 式正确（10分）
教师检测 （30分）	标准1. 各单据设计项目全面（10分）			
	标准2. 拣选方式选择正确（10分）			
	标准3. 存货异动处理方式正确（10分）			
满分 （100分）				

个人反思

任务三 退货作业管理

任务导入

2020年3月13日上午，某公司收到客户退货请求，详情如表5-11~表5-14所示。

表5-11 退货单1

退货单号：30200302030　　订单号：20200302030　　日期：2020-03-13

序号	货品名称	规格	数量	单位	单价/元	总金额/元	退货原因
1	苹果味芬达	24瓶/箱	1	箱	70	70	多发货1箱
2	238g雕牌洗衣皂	36块/箱	1	箱	100	100	1箱单品破碎

合计总金额（人民币大写）：壹佰柒拾元整

填写人：永志　　验收人：刘星　　主管：刘诗诗　　送货：刘亚轩

表 5-12 退货单 2

退货单号：30200302031　　订单号：20200302031　　日期：2020-03-13

序号	货品名称	规格	数量	单位	单价	总金额	退货原因
1	苹果味芬达	24 瓶/箱	1	箱	70	70	1 箱超保质期 2/3
2	五月花卷纸	1161	2	箱	80	160	2 箱包装有水渍
合计总金额（人民币大写）：贰佰叁拾元整							

填写人：永志　　验收人：刘星　　主管：刘诗诗　　送货：刘亚轩

表 5-13 退货单 3

退货单号：30200302032　　订单号：20200302032　　日期：2020-03-13

序号	货品名称	规格	数量	单位	单价	总金额	退货原因
1	五月花卷纸	1161	1	箱	80	80	1 箱包装有水渍
合计总金额（人民币大写）：捌拾元整							

填写人：永志　　验收人：刘星　　主管：刘诗诗　　送货：刘亚轩

表 5-14 退货单 4

退货单号：30200302033　　订单号：202003020323　　日期：2020-03-13

序号	货品名称	规格	数量	单位	单价	总金额	退货原因
1	238g 雕牌洗衣皂	36 块×1 箱	1	箱	120	120	1 箱包装破损
合计总金额（人民币大写）：壹佰贰拾元整							

填写人：永志　　验收人：刘星　　主管：刘诗诗　　送货：刘亚轩

请根据客户的退货单，完成货物的退货作业。

课前检测：学银在线新手上路测验题

> **想一想**
> 什么是逆向物流？物品退货属于逆向物流吗？

任务描述

扫一扫
某仓储部退货作业管理办法（文本）

（1）讨论退货作业的关键环节和易错点。

_____

_____

（2）请根据不同的退货原因分别进行退货处理，并填写表 5-15。

表 5-15 退货处理

退货原因	退货处理方法	退货成本承担方

（3）分析以下退货行为。

①调查汉唐书城的滞销图书处理方法。

②在京东购买的笔记本电脑使用 5 天后觉得不满意，如何退货？

③飞扬公司购买的一批板材不符合合同要求，如何退货？

④某公司批发的儿童玩具重金属超标，如何退货？

（4）画出一般退货作业流程图。

网络资源

在线开放课程平台

知识链接

在物流活动中，应尽可能避免退货或换货，因为退货或换货的处理只会大幅提高成本，减少利润。

> 想一想
> 你在网购时发生过退货行为吗？退货原因是什么？

一、退货原因

1. 有质量问题的退货

对于不符合质量要求的商品，接收方提出退货，仓库将给予退换。仓库不会有直接的成本损失，快速配合不仅可使损害减低，而且可以增进厂商及客户间的关系。

2. 搬运途中损坏退货

在搬运过程中，造成的破损或包装污染，仓库将给予退回。

3. 商品送错退回

送达客户的商品不是订单所要求的商品，如商品条码、品项、规格、重量、数量与订单不符，要求换货或退回。这时必须立即处理，减少客户抱怨。

4. 商品过期退回

有保质期的商品在送达接收单位时超过了商品的有效保质期限，仓库应予以退换。

二、退货处理的方法

1. 无条件重新发货

按订单发货发生的错误应由仓库更新调整发货方案，将错发物品调回，重新按原正确订单发货，中间发生的所有费用应由发货人承担。

2. 运输单位赔偿

在运输途中商品受到损坏而发生退货的，根据退货情况，由仓库确定所需的修理费用或赔偿金额，然后由运输单位负责赔偿。

3. 收取费用，重新发货

因为客户订货有误而发生退货的，退货所有费用由客户承担，退货后再根据客户新的订货单重新发货。

4. 重新发货或替代

因为商品有缺陷，客户要求退货，仓库接到退货指示后，作业人员应安排车辆收回退货商品，将商品集中到仓库退货处理区进行处理。一旦商品回收活动结束，厂家及其销售部门就应立即采取行动，发货给客户没有缺陷的同种商品或替代品。

处理退货涉及各方面的关系，如制造商与采购商、采购商与仓库经营者、仓库经营者与承运人、承运人与经销商、经销商与客户、客户与制造商等。妥善处理退货的方法就是每个环节都要检验，一环扣一环，环环都负责，环环都满意。这样才能使相关方面维持满意的良好关系。

三、退货的一般程序

退货处理的一般程序是：

（1）客户退货时应填写退货申请表，在收到商家同意退货的退货申请表后，须按约定的运输方式办理运输。

（2）仓库在收到客户的退货时应尽快清点完毕，如有异议必须以书面的形式提出。

（3）退回的商品与退货申请表是否相符以仓库清点为准。

（4）仓库应将退入仓库的商品根据其退货原因分别存放、标识。由供应商造成的不合格品应与采购部门联系，催促供应商及时提回。由仓库造成的不合格品且不能修复的，每月应申报一次，进行及时处理。

（5）对于已发放的商品和退回的商品要及时入账，并按时向其他部门报送有关资料。

扫一扫

天猫各类投诉维权发起时间条件和类型（文本）

问题思考与研讨

退货对于电商物流有何连锁影响？

_____

_____

能力训练

退货作业流程设计

以下 3 份验收单是圣泉商贸公司各门店在进行配送商品验收时填写的，请根据验收单内容分别制作退货单，并完成退货作业流程（表 5–15 ~ 表 5–17）。

表 5–15　验收单 1　　　　订单号：20200302030

序号	产品名称	规格	单位	订购数量	包装形式	单价/元	金额/元	验收状况
1	盼盼玉米味酥	24 盒/箱	箱	50	原装纸箱	70	3 500	1 箱香芋味串货
2	盼盼艾比利薯片	24 盒/箱	箱	50	原装纸箱	30	1 500	
3	盼盼瑞士卷	36 袋/箱	箱	40	原装纸箱	100	4 000	1 箱单品破碎
4	有友凤爪	30 袋/箱	箱	10	原装纸箱	200	2 000	1 袋真空包装鼓包

核准：李林　　采购：刘青　　厂商：门店 NO.30　　验收人：李芳

表 5–16　验收单 2　　　　订单号：20200302031

序号	产品名称	规格	单位	订购数量	包装形式	单价/元	金额/元	验收状况
1	花火花红暖水壶	12 瓶/箱	箱	10	原装纸箱	240	2 400	1 个内胆破损
2	木拖把	个	个	20	无	8	160	1 个木把发霉
3	五月花卷纸	4 提/箱	箱	8	原装纸箱	80	640	多发 2 箱

核准：李林　　采购：刘青　　厂商：门店 NO.31　　验收人：李芳

表 5–17　验收单 3　　　　订单号：20200302032

序号	产品名称	规格	单位	订购数量	包装形式	单价/元	金额/元	验收状况
1	蔓越莓纯奶手撕面包	24 袋/箱	箱	100	原装纸箱	10	1 000	3 天后到保质期
2	娃哈哈纯净水	24 瓶/箱	箱	3	原装纸箱	25	75	

核准：李林　　采购：刘青　　厂商：门店 NO.32　　验收人：李芳

请完成：

（1）根据验收单完成退货单，每份验收单对应一份退货单。

（2）退款估算。根据采购价格估算退货商品的总价。

（3）根据验收情况，针对退货商品提出退货处理方案。

（4）供应商完成退赔商品的会计流程，设计退货验收单和货项通知单。

任务三检测单

自我检测

检测题目：学银在线巩固提升测验题

小组检测

检测题目：退货作业流程设计
检测要求：以小组为单位，形成 PPT 报告，课堂进行汇报
检测标准：1. 团队合作（5分）；2. 讲解思路（10分）；3. 任务质量（15分）
小组互评：_____

教师检测

检测标准：1. 紧扣题目要求（10分）；2. 汇报内容完整（10分）；3. 解释有理有据（10分）
教师点评：_____

检测评分

自我检测（40分）	同步测验（40分）		
小组检测（30分）	团队合作（5分）	讲解思路（10分）	任务质量（15分）
教师检测（30分）	标准1. 紧扣题目要求（10分）		
	标准2. 汇报内容完整（10分）		
	标准3. 解释有理有据（10分）		
满分（100分）			

个人反思

改错	重点内容回顾

小结

项目六
仓储成本管理与绩效分析

【学习目标】

- **知识目标**
1. 掌握仓储成本的含义及构成
2. 了解仓储成本控制的原则和方法
3. 掌握仓储绩效评价指标与方法
4. 了解提高仓储绩效的具体举措

- **技能目标**
1. 能够计算和分析企业仓储成本
2. 能够解决企业仓储成本控制中出现的问题
3. 能够根据仓储企业特点制定合理的绩效评价方案
4. 能用分析影响仓储绩效的因素

- **素质目标**
1. 强化经营和绩效意识
2. 培养仓储成本节约习惯
3. 培养持续改进仓储绩效的习惯和行为
4. 加强绩效潜能提升培养

【内容架构】

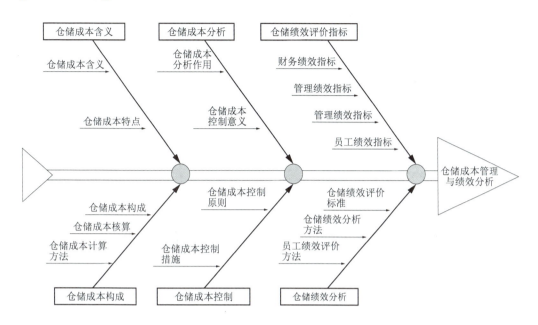

【引入案例】

京东商城仓储成本及其管理

京东商城是我国自营电商市场的领头羊，从投资建立自己的物流体系开始一直亏损，直到2016年才开始盈利。一直以来，京东物流实力得到了业内的普遍认可，"亚洲一号"仓库更是被认为是未来物流仓储技术发展的方向。据相关资料显示，京东目前在上海、广州、北京、武汉、昆山等9大城市均建设了"亚洲一号"仓，辐射范围覆盖全国。在不断的努力与创新下，2017年10月9日，京东宣布位于上海的"亚洲一号"仓库正式建立起全球首个全流程自动化无人仓。这座京东无人仓拥有自动化立体仓库（AS/RS）、自动分拣机等先进设备，并且其管理、控制、分拣和配送信息等方面的软件信息系统均由京东自主研发。

京东仓储成本主要由以下几部分构成。一是建造、购买或租赁仓库等设备（仓库建筑物、货架等）所带来的成本，这部分成本构成京东仓储成本的主体。京东在全国范围内有7大物流中心、256个大型仓库、6 906个配送站和自提点，覆盖全国2 655个区县。上海的"亚洲一号"是当今中国最大的物流中心，占地300亩，共20万平方米，其巨大的投资成本可想而知。二是员工工资及福利。员工除有"五险一金"的基本保障外，还享有高达38项的其他福利，比如餐补、工龄补贴等；2015年京东总部幼儿园开业，父母可带子女上班入园。三是各类仓储作业带来的成本，如装卸搬运成本、流通加工成本等。每一件商品从入库前的挑选准备到入库后的正确挑选及摆放，到根据订单进行包装加工，最后出库，这一系列工作需要大量的人工投入。此外，低值易耗品的耗费、设备维修折旧费、装卸搬运费、管理费等间接费用构成了与仓储有关的作业成本。

京东仓储成本管理具有以下优势：一是缩短了供应链，从长远来看，成本较低。京东有一半的第三方物流，单单同城配送使用的第三方物流的每单成本就为12元，京东自营成本仅7.44元，每单节约5元钱的成本。二是配送速度快，有利于提高用户体验、增加用户量。三是方便员工管理，在和第三方物流合作中有较大话语权。

思考：
1. 结合案例，分析仓储成本控制的意义。
2. 分析京东商城仓储成本的构成。
3. 分析比较京东商城和其他电子商务企业在仓储成本控制上的差异。

任务一　认识仓储成本

任务导入

某仓库有一台机器设备，原价为600 000元，预计使用寿命为5年，预计净残值24 000元。计算：第三年的折旧额是多少？最后一年的折旧额是多少？（年折旧率=2/5=40%）。

第一年应提的折旧额=600 000×40%=240 000（元）

第二年应提的折旧额=（600 000-240 000）×40%=144 000（元）

第三年应提的折旧额=（600 000-240 000-144 000）×40%=86 400（元）

课前检测：学银在线新手上路测验题

任务描述

（1）仓储成本的含义是什么？

_____

_____

（2）仓储成本的构成有哪些？举例说明并填在表6-1中。

表6-1　仓储成本的构成

仓储成本的构成部分	举例

（3）仓储成本中的"五险一金"具体指什么，如何计算？
_____
_____
_____

网络资源

仓储成本

在线开放课程平台

知识链接

一、仓储成本的含义与特点

（一）仓储成本的含义

仓储成本是企业在仓储作业过程中，各种要素投入的以货币计算的总和。根据国家标准《企业物流成本构成与计算》（GB/T 20523—2006），仓储成本是指在一定时期内，企业为了完成货物存储业务而发生的全部费用，包括仓储作业人员费用、仓储设施折旧费、维修保养费、水电费、燃料和动力消耗、相关税金、业务费等。

仓储活动是物流活动的重要组成部分，可以说贯穿于企业生产的全过程，也就是说仓储成本是衡量仓储企业经营管理水平高低的重要标志。仓储成本管理指企业在仓储运营管理方面所采取的成本费用控制手段，目的是以最低的储存成本达到预先规定的储存质量和仓储数量。

扫一扫

《企业物流成本构成与计算》（GB/T20523—2006）

（二）仓储成本的特点

1. 重要性

从微观方面来看，仓储成本占用企业流动资金比例可能高达40%～70%，加强仓储成本控制对企业有着重要的作用。从宏观方面来看，仓储成本是社会物流总费用的重要组成部分，而社会物流总费用又占国民经济生产总值的很大部分。据世界银行分析，发达国家社会物流总费用占GDP的比例一般在10%以下，而中国2018年为14.8%，高达13.3万亿元。

2. 隐蔽性

由于物流活动渗入企业各项经营活动，我国现代会计制度中也没有单独考虑到物流成本的问题，因此物流成本往往具有很大的隐蔽性。例如，仓储成本中的仓储保管费用、仓储办公费用、仓储物资的合理损耗等一般计入企业的经营管理费用，而不是单独设置"仓储成本"科目加以核算。

3. 复杂性

影响仓储成本的因素比较多，主要包括宏观经济形势、客户需求变化、利率、物流地产用地、人工成本、税收政策等。一部分因素是企业可以控制的，但是绝大多数因素是企业自身无法控制，这就增加了仓储成本计算、分析和控制的复杂性。

4. 效益悖反性

虽然仓储成本是物流成本的重要组成部分，但仓储成本与物流中其他要素成本，如运输成本、配送成本，存在着矛盾的关系，降低仓储成本往往会增加其他物流活动成本。另一方面，仓储服务水平与物流成本并非呈线性关系，投入相同的物流仓储费用并非可以得到相同的物流仓储服务水平提升。

二、仓储成本的构成

分析仓储成本的构成有两个视角：一个是生产或销售企业的仓储成本；一个是3PL（第三方物流）企业的仓储成本。生产或销售企业的仓储成本是指企业在储存、管理、保养、维护等相关物流活动中发生的各种费用，通常包括仓储运作成本和仓储存货成本；3PL企业的仓储成本主要为仓储运作成本和税费。

1. 生产或销售企业的仓储成本

（1）仓储运作成本，是指为保证商品合理储存、正常出入库而发生的与储存商品运作有关的费用，包括设备折旧、库房租金、水电气费用、设备修理费用、人工费用、保险费用等。

（2）仓储存货成本，指由于存货而发生的除了运作以外的成本，包括订货成本、资金占用成本、存货风险成本、缺货成本等。

2. 3PL企业的仓储成本

（1）场地成本。主要是库房租金成本，另外很多租赁的仓库都需要再装修，所以就会有装修成本和水电费，网费也可以算到场地成本里面，有些地方还会有取暖费。

（2）人力成本。包含以下几个部分：①前端销售人员的奖金、提成和差旅费用；②订单和项目经理成本；③仓库实际运营人力成本。主要是根据工作量及工作效率来计算人员配置，然后再根据配置计算成本。

（3）物料成本。物料主要包含固定资产、低值易耗品、包装材料、办公费用、劳保费、业务宣传费等。成本占比高的主要是固定资产和低值易耗品；固定资产多数是按照3年进行分摊，而低值易耗品分摊有1个月、1年、3年等。影响物料成本主要有两个方面：采购成本和配置逻辑。仓库购买了很多实际用不上的物料就是在物料配置上出了问题，进而造成资源浪费。

（4）系统成本。主要包含AP（无线信号）和系统实施费用两个部分的成本。系统实施费主要是IT人员去实施的差旅费用和人力费用，一般按照人/天来计算。企业系统成本一般不会单独向客户收取，而分摊到其他成本加以回收。

（5）保险成本。这对于仓储总成本来讲是很小的一部分成本。一般仓库买的都是财产一切险，采购的成本一般在万分之三到万分之五。这部分一般都是单独给客户报价，也有很多企业因为成本占比很少，直接免费给客户使用。

（6）财税成本。税务费用对于运营企业来说是很大的一块成本，增值税的税率有

6%、11%、13%、17%。仓储企业给客户开票都是6个点,所以收入的6个点就是仓储企业的财税成本。因为增值税有多个税点,企业在测算成本的时候需要考虑到税差,不然成本就会不准确。

三、仓储成本的核算

1. 订货成本

订货成本是指企业为了实现一次订货而进行的各种活动的费用,包括处理订货的差旅费、办公费、通信费等支出。同时,订货成本还包括以下活动产生的成本费用:①建仓存放货物;②提成订货申请;③选择供应商;④填写并发出订单;⑤填写并核对收货单;⑥验收货物;⑦筹集资金和付款等活动。

2. 资金占用成本

资金占用成本是为购买货物和保证存货而使用的资金的成本,是仓储成本的隐含费用。资金占用成本反映失去的盈利能力,因为如果资金投入其他方面就可能会取得投资回报。资金占用成本可以用公司投资的机会成本或投资期望值来衡量,也可以用资金实际来源的发生成本来计算。为了简化和方便,资金占用成本通常用银行贷款利息来计算。

3. 存货风险成本

存货风险成本是发生在货物持有期间的,由于市场变化、价格变化、货物质量变化所造成的企业无法控制的货物贬值、损坏、丢失、变质等成本。特别是化妆品行业目前微商模式流行,每家企业都在不断地推出新品,一些旧的产品很容易过时并一直放在仓库里。

4. 缺货成本

由于外部和内部中断供应所产生的成本即为缺货成本。当企业的客户得不到全部订货时称为外部缺货。外部缺货将导致延期交货、脱销或失去客户。当企业内部某个部门得不到全部订货时称为内部缺货。如果发生内部缺货,则可能导致生产损失(机器设备和人员闲置)和交货期的延误。如果由于某项物品短缺而引起整个生产线停工,这时的缺货成本可能非常高。

5. 在途存货成本

在途存货成本与运输方式有关。如果企业以目的地交货价方式销售货物,就意味着企业要负责将货物运达客户,当客户收到订购货物时货物的所有权才转移。从财务的角度来看,在途运输货物仍是销售方的库存,因为这种在途货物在交给客户之前仍然属于企业所有。一般来说,在途存货成本要比仓库中的存货成本小,在实际中,需要对每一项成本进行仔细分析,才能准确计算出实际成本。

6. 仓储运作成本

仓储运作成本是伴随着物流仓储活动而发生的各种费用,仓储成本的高低直接影响着企业的利润水平。具体核算范围包括材料费、人工费、折旧费、维修费、装卸搬运费、仓储损失等。

(1)材料费。材料费是与包装材料、消耗工具、器具备品、燃料等相关的费用,可以根据材料的出入库记录,将此期间与物流有关的消耗量计算出来,再分别乘以单价，即可得出仓储材料费。

（2）人工费。人工费指按规定支付给仓库工人、仓库管理人员的工资、加班费、各种工资性津贴、"五险一金"、职工福利费（指按工人、管理人员工资总额和规定比例计提的职工福利费）、劳动保护费。该项成本从相关会计科目中提取出来即可。

（3）折旧费或租赁费。有的仓储部门或者企业是以自己拥有所有权的仓库以及设备对外承接仓储业务，有的是以向社会承包租赁的仓库及设备对外承接业务。自营仓库的固定资产每年需要提取折旧费，对外承包租赁的固定资产每年需要支付租赁费。仓储费或租赁费是仓储企业的一项重要的固定成本，构成仓储企业的成本之一。

（4）维修费。主要用于设备、设施和运输工具的定期大修理，每年可以按设备、设施和运输工具投资额的一定比率提取。仓储机械设备的维修费用，也应计入仓储成本。

（5）装卸搬运费。装卸搬运费是指货物入库、堆码和出库等环节发生的装卸搬运费用，包括搬运设备的运行费用和搬运工人的成本。

（6）应当分摊的管理费用等间接成本。管理费用是指仓储企业或部门为管理仓储活动或开展仓储业务而发生的各种间接费用，主要包括仓库设备的保险费、办公费、人员培训费、差旅费、招待费、营销费、水电费等。可以从相关会计科目中提取，直接计入仓储成本；如果无法从相关会计科目方面直接得到相关的数据，可以按员工人数比例分摊计算。

（7）仓储损失。仓储损失是指保管过程中货物损坏而需要仓储企业赔付的费用。造成货物损失的原因一般包括仓库本身的保管条件，管理人员的人为因素，货物本身的物理、化学性能，搬运过程中的机械损坏等。实际中应根据具体情况，按照企业制度规定的标准，分清责任合理计入成本。

问题思考与研讨

扫一扫

关于制造企业物流成本会计核算的探讨

如果仓储企业会计系统并没有单独设置仓储成本核算系统，如何从现行的会计系统里把仓储成本分析出来？具体每一项仓储成本应从哪些会计科目里去提取？

_____
_____
_____
_____
_____
_____
_____
_____
_____

能力训练

仓储费用构成分析

表 6-2 为某第三方仓储企业向客户收取的部分仓储费用明细。

表 6-2　仓储费用明细表

作业	内容	单位	费用/元	作业	内容	单位	费用/元
装卸	卸货费	千克	0.10	报关	报关报检	次	60.00
装卸	装货费	车	200.00	报关	EDI 单证	张	50.00
装卸	装货费	车	300.00	报关	香港报关	次	80.00
装卸	装货费	立方米	10.00	报关	卫检手续	次	60.00
装卸	装货费	千克	0.10	报关	出口代理	次	80.00
处理	打托	板	2.00	报关	封关费	次	40.00
处理	打托	板	3.00	仓租	包租	平方米/月	10.00
处理	打托	板	2.00	仓租	散租	千克/月	0.01
处理	打托	板	3.00	仓租	散租	立方米/月	1.00
处理	打托	板	1.00	仓租	管理费	%	0.10
处理	拆箱	箱	6.00	装卸	卸货费	车	200.00
处理	标签	张	1.00	装卸	卸货费	车	300.00
处理	标签	张	2.00	装卸	卸货费	立方米	10.00
处理	转堆	堆	5.00	装卸	卸货费	千克	0.10
处理	人工	小时	10.00	装卸	装货费	车	200.00
处理	返工	小时	10.00	装卸	装货费	车	300.00
处理	拼装	小时	10.00	装卸	装货费	立方米	10.00
加班	延时	小时	12.00	装卸	装货费	千克	0.10
加班	休息	小时	12.00	仓租	包租	平方米/月	10.00
加班	节日	小时	15.00	仓租	散租	公斤/月	0.01
加班	应急	小时	14.00	仓租	散租	立方米/月	1.00

假设你正在经营一家仓储企业，请分析向客户收取仓储费用的具体构成。

_____

_____

_____

_____

_____

任务一检测单

自我检测

检测题目：学银在线巩固提升测验题

小组检测

检测题目：仓储费用构成分析及计算
检测要求：针对仓储费用明细表，通过查阅资料分析仓储费用的构成
检测标准：1. 方法正确（10分）；2. 紧扣题目（10分）；3. 做出合理陈述（10分）
小组观点：_____

教师检测

检测标准：1. 紧扣题目要求（10分）；2. 陈述有理有据（10分）；3. 陈述内容完整（10分）
教师点评：_____

检测评分

自我检测（40分）	学习通测试成绩（40分）		
小组检测（30分）	方法正确（10分）	紧扣题目（10分）	做出合理陈述（10分）
教师检测（30分）	标准1. 陈述紧扣题目要求（10分）		
	标准2. 陈述有理有据（10分）		
	标准3. 陈述内容完整（10分）		
满分（100分）			

个人反思

任务二 仓储成本分析与控制

任务描述

（1）仓储成本分析的作用是什么？
_____
_____

（2）仓储成本的计算方法有哪些？
_____
_____
_____

（3）仓储成本控制的措施有哪些？
_____
_____
_____
_____

扫一扫

仓储成本分析的作用和意义（文本）

网络资源

《企业物流成本构成与计算》
GB/T 20523—2006）

在线开放课程平台

知识链接

一、作业成本法核算间接成本

作业成本法是一种通过对所有作业活动进行追踪动态反映，计量作业和作业对象的成本，评价作业业绩和资源利用情况的成本计算和管理方法。

基本思想如下：首先通过物流作业动因将物流资源分配到各个物流作业，形成作业成本库；其次根据物流作业动因建立物流作业与物流成本对象之间的因果关系，把物流作业成本库中的成本分配到成本对象，计算出成本对象的总成本和单位成本。

如众物智联物流与供应链集团某仓储分部 A 同时服务于甲乙两个客户，甲客户为自营业务，乙客户为第三方卖家。

该仓储分部作业成本核算步骤如下：

1. 确定作业内容

主要包括订单处理、货物验收、货物进出库和仓储管理 4 个作业。

2. 确定资源成本库

该仓储分部的总成本和资源成本如表 6-3、表 6-4 所示。

表 6-3　物流总成本

支付形态	支付明细	相关费用/元
维护费	固定资产折旧	80 000
人工费	单证处理人员（3人）	7 500
	货物验收人员（3人）	6 000
	货物进出库作业人员（4人）	10 000
	仓储管理人员（3人）	6 000
材料费	材料费	10 000
一般经费	办公费	5 000
合计		124 500

表 6-4　资源成本

元

费用	订单处理	货物验收	仓储管理	货物进出库	合计
人工费	7 500	6 000	6 000	10 000	29 500
折旧费	7 000	7 000	29 000	37 000	80 000
材料费	3000	1 000	3 000	3 000	10 000
办公费	600	600	1 200	2 600	5 000
合计	18 100	14 600	39 200	52 600	124 500

3. 确定作业动因

注意作业动因必须是可量化的，如人工工时、距离、时间、次数等，该仓储部的作业动因如表 6-5 所示。

表 6-5　作业动因表

作业	成本动因
订单处理	订单数量
货物验收	托盘数量
货物进出库	人工工时
仓储管理	租赁仓库面积

4. 计算作业分配系数

$$作业分配系数 = 作业成本/作业量$$

其中，作业成本为表6-5中订单处理、货物验收、货物进出库和仓储管理的作业成本。

确定作业量时，首先查询作业动因，再根据员工总工作时间（表6-6）、甲乙订单数及占用资源来确定。如查询作业动因表，订单处理的成本动因即为订单数量，因此，只需计算甲乙客户的订单总数即可，由表6-7可知月订单处理作业总量为320。

表6-6 员工总作业时间

员工类别	总工作时间/（小时·月$^{-1}$）
单证处理人员（3人）	500
货物验收人员（3人）	500
进出库作业人员（4人）	800
仓储管理人员（3人）	500

表6-7 甲乙客户订单及占用资源

项目	甲客户	乙客户	合计
月订单总数/份	200	120	320
占用托盘总数/个	700	300	1 000
租赁仓库面积/平方米	10 000	6 000	16 000
货物进出库总工时	500	300	800

由此可以计算求得各项作业的分配系数（表6-8）。

表6-8 作业分配系数

作业	订单处理	货物验收	仓储管理	货物进出库	合计
作业成本（A）	18 100	14 600	39 200	52 600	124 500
作业量（B）	320（订单数）	1 000（托盘数）	16 000（面积）	800（人工时）	—
作业分配系数（A/B）	52.5625	14.6	2.45	65.75	—

5. 计算作业成本

根据作业分配系数求出计算对象的某一项物流作业成本，然后求和即得计算对象的作业成本。

$$作业成本 = 作业分配系数 \times 作业动因数$$

根据表6-8的作业分配系数，可求得客户甲乙的实际服务成本，如表6-9所示。

表 6-9 甲乙客户实际服务成本

作业	作业分配系数	实际耗用成本动因		实际成本	
		甲	乙	甲	乙
订单处理（订单数）	56.5625	200	120	11 312.5	6 787.5
货物验收（托盘数）	14.6	700	300	10 220	4 380
货物进出库（人工时）	65.75	500	300	32 875	19 725
仓储管理	2.45	10 000	6000	24 500	14 700
合计				78 907.5	45 592.5
合计				124 500	

二、仓储成本控制的原则

1. 节约原则

过去的成本管理只强调事后的分析和检查，主要侧重于严格执行成本开支范围和各项规章制度，实际上属于亡羊补牢性质的防护性控制；后来发展到侧重于日常的成本控制，当发现实际脱离标准或预算时立即反馈给有关部门进行干预或调节，纠正缺点，巩固成绩，这实质上属于反馈控制。为了深入地贯彻节约原则，成本控制的重点必须转移到成本发生前的事前控制，做好经济预测，充分挖掘仓储企业内部的节约潜力，处处精打细算。只有这样，才能把损失和浪费消灭在事前，做到防患于未然，有效地发挥前馈控制的作用。

2. 全面性原则

（1）全员的成本管理。成本是综合性很强的经济指标，它涉及企业的所有部门和全体职工的工作实绩。要想降低成本、提高效益，必须充分调动每个部门和每位职工关注控制成本的主动性和积极性。在专业成本管理的基础上，要求人人、事事、时时都要按照定额标准或预算进行成本管理。

（2）全过程的成本管理。在现代社会中，应充分发挥物流的整合作用，在涉及仓储及其他各环节中都要加强成本管理。

3. 责、权、利相结合原则

要使仓储成本管理真正发挥效益，必须严格按照经济责任制的要求，贯彻责、权、利相结合的原则。应该指出，在经济责任制中，控制责任成本是每个成员应尽的职责，同时也是一种权力。很明显，如果责任单位没有这种权力，就无法进行控制。譬如任何一个成本责任中心都会制定一定的标准或预算，若要求他们完成控制成本的职责，就必须赋予他们在规定范围内有权决定某项费用是否开支的权力。如果没有这种权力，当然就谈不上什么成本控制了。此外，为了充分调动各个成本责任中心在成本控制方面的主动性和积极性，还必须定期对他们的实绩进行评价与考核，并同职工本身的经济利益紧密挂钩，做到奖罚分明。

4. 目标管理原则

目标管理是指企业管理层以既定的目标作为管理人力、物力、财力和各项重要经济指标的基础。成本管理是目标管理的一项重要内容，它必须以目标成本为根据，作

扫一扫
关于制造企业
物流成本会计
核算的探讨

为对企业经济活动进行限制和指导的准绳，力求做到以最少的成本开支获得最佳的经济效益和社会效益。既然目标成本是作为奋斗目标所要努力实现的成本，那么制定目标成本就既要根据本企业的具体情况（如现有设备条件、业务能力、技术水平、历史成本资料等），也要考虑到企业的外部条件（如国家的财经政策、市场供需情况，国内外同行业同类部门的成本信息等），然后采用成本管理的专门方法与策略，制定出最佳的目标成本。

5. 例外管理原则

例外管理是西方国家在企业经营管理中进行日常控制所采用的一种专门方法，特别是在对成本指标的日常控制方面应用得更多。日常成本控制主要是通过对各种成本差异进行分析研究，从而发现问题，挖掘降低成本的潜力，提出改进工作或纠正缺点的具体措施。但实际上，每个物流企业日常出现的成本差异往往是头绪纷繁，管不胜管。为了提高成本管理的工作效率，管理人员不应把精力和时间分散在全部成本差异上，平均使用力量，而是应该突出重点，把注意力集中在那些属于不正常的、不符合常规的关键性差异上，对它们要追根求源，查明发生差异的原因，并及时反馈给有关成本责任中心，迅速采取有效措施把它们很好地管起来。所有这些不正常的、不符合常规的关键性差异就叫做例外。

三、仓储成本控制的措施

1. 充分利用现代仓储技术和设备

通过技术进步和装备提升来降低仓储成本是根本措施。在一个库场中，一定量的工作费用支出下，由于实际工效不一，所耗费的劳动力、机械设备消耗、燃料费有所不同，若仓储管理经营得好，整个仓储费用就会降低，经济效益就会增加。因此，在仓储作业中要利用现代仓储技术和设备，提高劳动生产率，如采用定位系统、存取系统、监控系统等计算机管理技术，仓储条码技术，现代化货架，专业作业设备、叉车、新型托盘等。

2. 构建和实施智能存储管理系统

智能仓储管理系统是新零售时代下的必要趋势。进货、盘点库存、财务核算等都可以在手机移动端进行，智能仓储管理系统为企业提供了一个高效、省力的科学管理方法。它具有以下优势：以空间置换土地，减少用地成本，扩大存储容量；减轻工人的劳动强度，减少人工成本；提高交货准确率；缩短供应链周期。智能仓储管理系统具体包括托盘穿梭车式立体仓库、托盘式自动仓库、料箱式自动仓库、自动化旋转仓库等系统。在智能仓储系统的帮助下能够自动接收、识别、分类、组织和提取货物。

3. 实现仓储作业的精益化运作

第一，有效的库存管理能减少无形的浪费。时间、精力、机会成本和空间都会影响仓库整体成本。如在拣选标签上花费太多时间可能导致利润下降，员工无必要地重复走动可能导致提早疲劳以及减少订单完成率。同时，重做和退货也在消耗利润。第二，优化产品流程有利于降低仓库成本。第三，精益原则需要仓库员工的共同努力。实现仓储成本下降还必须考虑仓库中失去的机会，例如，是否有标准的系统在适当的位置管理储位或者整改仓库产品存储。

4. 优化仓储中心设计与运营

（1）提高仓容利用率。提高仓容利用率的方法包括提高仓储密度和加速物资周转两种，提高仓储密度可以提高单位仓储面积的利用率以降低成本、减少仓储设备投资，主要包括增加储存高度、缩小库内通道、密集货架几种方法。

（2）提高仓储作业效率。仓储定位系统如果高效运作，能大大节约寻找、存放及取出时间，节约了不少物化劳动及活劳动，而且能防止差错，便于清点。

（3）提高仓储作业准确程度。运用零库存等先进的管理模式进行仓储管理，将库存已知处于流通周转状态，实现库存量的精确化、最小化。

（4）确定合理仓储量。资源从采购到生产再到需要经过数个阶段，几乎在每一个阶段都需要进行存储，通过分析原材料、半成品、成品等每一个物流环节的最佳仓储量，分析补充库存的速度等，使存货水平最低、仓储浪费最小、空间占用最少。

（5）优化仓储布局。将过去零星的仓储点集中在一起进行统一管理，以区域的形式进行直接配送，这种方法有利于优化仓储布局。

5. 提高仓储信息管理水平

WMS（Warehouse Management System，仓库管理系统）软件能将"先进先出"和"快进快出"结合起来，加快周转，减少劳动消耗。根据"先进先出"原则，企业将所有仓储物资按先后顺序摆放，或者对仓储物资进行轮换存取，从而使物资的仓储时间减少，减少损耗。

总体上，仓储成本控制要抓住关键的三部分：一是场地费成本，即租金；二是投入设备、运转、人力等支出成本；三是增值服务成本，主要指客户的特殊需求。仓储人工费用的支出主要在于尽量减少非生产工人的工资支出。

问题思考与研讨

作业成本法的思路和步骤有哪些？

能力训练

某电商仓储分部 A 同时服务于甲、乙、丙 3 个客户,其中甲客户为自营业务,乙、丙客户为第三方卖家。月末时其物流总成本、资源成本、员工总工作时间和客户订单及占用资源、作业动因如表 6-10~表 6-13 所示。

表 6-9 物流总成本

支付形态	支付明细	相关费用/元
维护费	固定资产折旧	100 000
人工费	单证处理人员(4人)	14 000
	货物验收人员(4人)	14 000
	货物进出库作业人员(5人)	18 000
	仓储管理人员(4人)	14 000
材料费	资材费	20 000
一般经费	水电费	10 000
	合计	190 000

表 6-11 资源成本

元

费用	订单处理	货物验收	仓储管理	货物进出库	合计
人工费	14 000	14 000	14 000	18 000	60 000
折旧费	10 000	10 000	50 000	30 000	100 000
材料费	6 000	2 000	6 000	6 000	20 000
办公费	2 000	1 000	5 000	2 000	10 000
合计	32 000	27 000	75 000	56 000	190 000

表 6-12 员工总作业时间

员工类别	总工作时间/(小时·月$^{-1}$)
单证处理人员(4人)	700
货物验收人员(4人)	700
进出库作业人员(5人)	1 000
仓储管理人员(4人)	700

表 6-13 客户订单及占用资源

项目	甲客户	乙客户	丙客户	合计
月订单总数/份	400	240	160	800
占用托盘总数/个	800	400	300	1500
租赁仓库面积/平方米	15 000	9 000	6 000	30 000
货物进出库总工时	550	280	170	1 000

运用作业成本法计算甲、乙、丙客户的各项作业实际服务成本。

扫一扫

锦江三井仓库公司仓储成本控制案例材料

任务二检测单

自我检测

检测题目：学银在线巩固提升测验题

小组检测

检测题目：案例分析和讨论
检测要求：以小组为单位，写出案例分析报告，进行课堂汇报
检测标准：1. 组员参与程度（10分）；2. 紧扣题目（10分）；3. 做出合理陈述（10分）
小组观点：

教师检测

检测标准：1. 陈述紧扣题目要求（10分）；2. 陈述有理有据（10分）；3. 陈述内容完整（10分）
教师评语：

检测评分

自我检测 （40 分）	测试成绩（40 分）		
小组检测 （30 分）	参与程度（10 分）	紧扣题目 （10 分）	做出合理陈述 （10 分）
教师检测 （30 分）	标准 1. 陈述紧扣题目要求（10 分）		
	标准 2. 陈述有理有据（10 分）		
	标准 3. 陈述内容完整（10 分）		
满分 （100 分）			

个人反思

任务三　仓储绩效管理

任务描述

（1）2019 年年末，A 企业要对仓储部门进行业绩考核，如包括是否实现了 2019 年目标、仓储作业过程中存在哪些问题、部门内部人员表现如何等，并在此基础上制定相应的改进方案。A 企业安排小李去完成这项任务，要求设计考核的内容和标准，考核内容要全面，不仅要对仓储部门的相关人员进行考核，同时也要对仓储部门的绩效进行全面考核，请问小李该怎么样做？

①仓储绩效考核前的准备工作有哪些？

_____
_____
_____
_____

②仓储绩效评价的内容有哪些？

_____

_____

_____

③仓储绩效评价方法的种类有哪些？

_____

_____

_____

（2）2020年1月10日，在A企业2019年工作总结会议上，张董事长公布了2019年各部门考核结果，并要求各部门提出整改计划。李强是仓储部经理，他该如何进行这项工作呢？要求在整改计划中评价本部门各个员工的绩效。

_____

_____

_____

_____

知识链接

一、仓储绩效评价标准及原则

绩效评价是对业绩和效率的一种事后的评价与度量以及事前的控制与指导，从而判断完成预定任务的情况、完成的水平、取得的效益和所付出的代价。仓储绩效评价是指对仓库服务主体在一定的经营期间生产成果及仓库经营状况进行评价的过程，旨在对内加强管理、降低仓储成本和提高盈利能力，对外强化服务质量和提升竞争力。

（一）仓储绩效评价标准

仓储绩效评价标准是对评价对象进行分析评价的标尺，是评价工作的准绳和前提。根据不同的用途，评价标准可以分为以下4类。

1. 计划（预算）标准

计划（预算）标准是仓储绩效评价的基本标准，是指以事先制订的计划、预算和预期目标为评价标准，将仓储绩效实际达到的水平与其进行对比。该标准反映了仓储绩效计划的完成情况，并在一定程度上代表了现代企业经营管理水平。但该标准人为因素较强，主观性较大，要科学合理地制定才能取得较好的激励效果。

2. 历史标准

历史标准是以历史同期水平或历史最好水平为衡量标准，将仓储绩效实际达到的

扫一扫

仓储绩效指标体系（GB/T30331—2013）

水平与其进行纵向比较。这种比较能够反映仓储绩效指标的发展动态和方向，为进一步提升仓储绩效提供决策依据。但历史标准的评价结果缺乏横向可比性，具有排他性。

3. 客观标准

客观标准是以国际或国内同行业绩效状况作为评价本企业仓储绩效的标准。采用这一评价标准，评价结果较为真实且具有横向可比性，便于了解企业本身在行业中所处的位置，有助于企业制定仓储发展战略。

4. 客户标准

客户标准是以客户来衡量企业的仓储绩效。以客户的满意程度来评价仓储企业运作服务水平，客户标准也是企业改进和提高仓储水平的重要依据。

（二）仓储绩效评价原则

1. 科学性原则

科学性原则要求设计的指标体系应能够客观地、如实地反映仓储管理的实际水平。

2. 可行性原则

可行性原则要求指标简单易行，数据容易得到，便于统计计算和分析比较，使现有人员能够很快地灵活掌握和运用。

3. 协调性原则

协调性原则要求各项指标之间相互联系、互相制约，并使之相互协调、互为补充，不能使指标之间相互矛盾或彼此重复。

4. 可比性原则

在对指标的分析过程中，重要的是要对指标进行比较，如现在与过去比、本企业与同类企业比等，所以要求指标必须具有可比性。

扫一扫

仓储绩效评价的意义

5. 稳定性原则

指标体系一旦确定之后，应在一定时间内保持相对稳定，不宜经常变动、频繁修改，可以在执行一段时间之后进行改进和完善。

二、建立仓储绩效评价指标体系

仓储绩效评价指标是仓储管理成果的集中反映，是衡量仓储管理水平高低的尺度，也是考核、评估仓库各方面工作和各作业环节工作成绩的重要手段。根据各项指标的属性及其相互关系，仓储绩效指标分为财务绩效、管理绩效和作业绩效三级指标，每级指标对应若干具体指标，具体如表6-14所示。财务绩效是最终绩效，是管理绩效与作业绩效的综合反映；作业绩效在一定程度上决定管理绩效，管理绩效直接决定财务绩效。

表6-14 仓储绩效评价指标体系

指标类别	具体指标
财务绩效指标	①仓储收入利润率
	②企业净资产收益率
	③利润增长率
管理绩效指标	①人均仓储收入
	②单位仓库面积产值
	③仓库面积（容积、货位）利用率
	④库存周转次数
	⑤机械化作业率
	⑥加工包装率
	⑦配送率
	⑧单位仓库面积能耗
作业绩效指标	①人均日拣货量
	②人均日加工量
	③人均日订单处理量

（一）财务绩效指标

1. 仓储收入利润率

仓储收入利润率是指仓储经营活动的利润与收入的比率，用以反映仓储收入与仓储利润之间的关系，一般按年度评价。

其计算公式为：

$$仓储收入利润率 = \frac{仓储利润}{仓储收入} \times 100\%$$

$$仓储利润 = 仓储收入 - 仓储成本$$

仓储收入包含存储费（可按面积、托盘、重量等收取）以及出入库、装卸、搬运、加工包装、质押监管、配送、信息资讯等与仓储相关的所有服务性收入，但不含仓储企业兼营的商品贸易收入、与仓储货物没有连带关系的运输收入，单位为万元。

仓储成本指的是按仓储收入同口径计算的仓储活动直接成本，包含仓储设施设备折旧或租金、直接人工成本、加工材料、配送成本、因仓储活动所产生的动力能源及水电消耗，但不含企业管理费用，单位为万元。此处的直接成本实际上为前文的"仓储运作成本"。

2. 企业净资产收益率

企业净资产收益率是指净利润与净资产的比率，用以衡量企业运用自有资本的效率，一般按年度评价。

其计算公式为：

$$企业净资产收益率 = \frac{净利润}{净资产} \times 100\%$$

净利润是指企业总收入扣除企业总成本、总费用与税金之后的余额，即净利润 =

利润总额－所得税。

净资产即所有者权益（或股东权益），按企业财务报表中数额计算。

3. 利润增长率

利润增长率是指利润增长额与上年利润总额的比率，用以衡量利润增长速度。

其计算公式为：

$$利润增长率 = \frac{当年利润总额 - 上年利润总额}{上年利润总额} \times 100\%$$

（二）管理绩效指标

1. 人均仓储收入

人均仓储收入是指仓储从业人员人均仓储收入，以万元为单位，一般按年度评价。

其计算公式为：

$$人均仓储收入（人均产值） = \frac{年仓储收入}{年仓储从业人员平均人数}$$

仓储从业人员是指从事仓储活动的一线操作人员及从事仓储经营管理活动的管理者。

年仓储从业人员平均数 = 一年内每月月末从业人数之和/12。

2. 单位仓库面积产值

单位仓库面积产值是指每万平方米仓库面积总收入，以万元为单位，一般按年度评价。

其计算公式为：

$$单位仓库面积产值 = \frac{仓储收入}{仓库总面积}$$

仓库总面积是指仓库的建筑面积，单位为万平方米。

3. 仓库面积（容积、货位）利用率

仓库面积（容积、货位）利用率是指实际使用仓库面积（容积、货位）与仓库总面积（容积、货位）的比率。

其计算公式为：

$$仓库面积（容积、货位）利用率 = \frac{实际使用仓库面积（容积、货位）}{仓库总面积（容积、货位）} \times 100\%$$

实际使用仓库面积是指库内存放货物实际所占用的面积（容积、货位）。

4. 库存周转次数

库存周转次数是指年发货量与年平均储存量的比值。库存周转次数越多，表明仓储活动的效率与效益越高，一般按年度评价。

其计算公式为：

$$库存周转次数 = \frac{年发货量}{年平均储存量}$$

年发货量是指通过出库操作的货物总量，可按吨、立方米、托盘等计算。

年平均储存量是指一年内货物储存量的平均值。

年平均储存量 = 一年存储量的总和/365，可按吨、立方米、托盘等计算。

5. 机械化作业率

机械化作业率是指使用机械设备的作业量与货物吞吐量的比率，一般按年度评价。

其计算公式为：

$$机械化作业率 = \frac{使用机械设备作业总量}{货物吞吐量} \times 100\%$$

货物吞吐量指进出库货物的总量，货物吞吐量 = 入库货物量 + 出库货物量，可按吨、立方米、托盘等计算。

使用机械设备作业总量是指仓库货物吞吐总量减去完全手工操作处理的货物总量，可按吨、立方米、托盘等计算。

6. 加工包装率

加工包装率是指加工包装总量与储存总量的比率，一般按年度评价。

其计算公式为：

$$加工包装率 = \frac{加工包装总量}{储存总量} \times 100\%$$

加工包装总量是指在仓储环节对产品实施的简单物理性作业活动（如包装、分割、刷标志、拴标签、组装等）的货物总量。

储存总量是指累计存储货物的总量。

7. 配送率

配送率是指配送量与出库量的比率，一般按年度评价。

其计算公式为：

$$配送率 = \frac{配送量}{出库量} \times 100\%$$

配送量是指在经济合理区域范围内，根据客户要求，对物品进行拣选、加工、包装、分割、组配等作业，并按时送达指定地点的货物量，既包括多货主多品种送到单点或多点，也包括单一货主的货物送到多点，不含不经过出入库操作的点对点运输。

8. 单位面积能耗

单位面积能耗是指仓库单位面积年消耗的能源量（水、电、油），一般按年度评价。

其计算公式为：

$$单位面积能耗（水、电、油） = \frac{能耗总量（水、电、油）}{仓库总面积}$$

能耗总量是指累计消耗（水、电、油）的总量。

（三）作业绩效指标

1. 人均日拣货量

人均日拣货量可分为每台叉车日均拣货量、人均日整件拣货量和人均日拆零拣货量，一般按年度评价。

（1）每台叉车日均拣货量，可以吨、立方米、托盘等为计算单位，其计算公式为：

$$每台叉车日均拣货量 = \frac{年叉车拣货总量}{年叉车使用台数}$$

年叉车使用台数 = 一年内叉车使用数量之和

（2）人均日整件拣货量，可按吨、立方米、包装件数计算。

其计算公式为：

$$人均日整件拣货量 = \frac{年整件拣货总量}{年作业总人数}$$

年作业总人数是指一年内从事整件拣货作业人员总数，年作业人员总人数 = 一年内整件拣货人员数量总和。

（3）人均日拆零拣货量，可按吨、立方米、单品件数计算。

其计算公式为：

$$人均日拆零拣货量 = \frac{年拆零拣货总量}{年作业总人数}$$

年作业总人数是指一年内从事拆零拣货作业人员总数，年作业总人数 = 一年内拆零拣货人员数量总和。

2. 人均日加工量

人均日加工量可以吨、立方米、包装件数为单位，一般按年度计算。

其计算公式为：

$$人均日加工量 = \frac{年加工总量}{年作业总人数}$$

年作业总人数是指一年内从事加工的作业人员总数，年作业总人数 = 一年内加工人员数量总和。

3. 人均日订单处理量

人均日订单处理量，一般按年度计算。

其计算公式为：

$$人均日订单处理量 = \frac{年订单处理总量}{年作业总人数}$$

年订单处理总量是指一年内接收并完成货物出库的订单总量，按单计算；

年作业总人数是指一年内减去加工包装等专项服务人员与装卸人员之外，所有与订单处理相关的一线操作人员总数，年作业总人数 = 一年内工作人员数量总和。

三、仓储绩效分析方法

（一）对比分析法

对比分析法是将两个或两个以上有内在联系的、可比的指标（或数量）进行对比分析，从而认识仓储企业的现状及其规律性。对比分析法是绩效考核指标分析法中使用最普遍、最简单和最有效的方法。运用对比分析法对指标进行对比分析时，一般应首先选定对比标志来衡量指标的完成程度。根据分析问题的需要，主要有以下几种对比方法：

1. 计划完成情况的对比分析

计划完成情况的对比分析是将同类指标的实际完成数或预计完成数与计划数进行

对比分析，从而反映计划完成的绝对数和程度，分析计划完成或未完成的具体原因，肯定成绩、总结经验、找出差距、提出措施。

2. 纵向动态对比分析

纵向动态对比分析是将仓储企业的同类有关指标在不同时间上的对比，如本期与基期（或上期）比、与历史平均水平比、与历史最高水平比等。这种对比能够反映事物的发展方向和速度，说明当前状态的纵向动态，分析增长或降低的原因并提出建议。

3. 横向对比分析

横向对比分析是将仓储企业的有关指标在同一时期相同类型的不同空间条件下的对比分析。类比单位一般选择同类企业中的先进企业，它可以是国内的，也可以是国外的。横向对比往往能起到"清醒剂"的作用，更能够找出差距、采取措施、赶超先进。

4. 结构对比分析

结构对比分析是将总体分为不同性质的各部分，然后以部分数值与总体数值之比来反映事物内部构成的情况，一般用百分数表示。例如，在货物保管损失中，我们可以计算分析因保管养护不善造成的霉变残损、丢失短少、不按规定验收、错收错付而发生的损失等各占的比重为多少。

（二）因素分析法

因素分析法是用来分析影响指标变化的各个因素以及它们对指标各自的影响程度的方法。因素分析法的基本做法是，在分析某一因素变动对总指标变动的影响时，假定影响指标变化的诸因素之中只有这个因素在变动，而其余因素都必须是同度量因素（即固定因素），然后逐个替代某一项因素单独变化，从而得到每项因素对该指标的影响程度。

在采用因素分析法时，应注意各因素按合理的顺序排列，并注意前后因素按合乎逻辑的衔接原则处理。如果顺序改变，各因素变动影响程度之积（或之和）虽仍等于总指标的变动数，但各因素的影响值就会发生变化，得出不同的答案。

在进行两因素分析时，一般是数量因素在前，质量因素在后。在分析数量指标时，另一质量指标的同度量因素固定在基期（或计划）指标；在分析质量指标时，另一数量指标的同度量因素固定在报告期（或实际）指标。在进行多因素分析时，同度量因素的选择要按顺序依次进行，即当分析第一个因素时，其他因素均以基期（或计划）指标作为同度量因素，而在分析第二个因素时，则是在第一个因素已经改变的基础上进行，即第一个因素以报告期（或实际）指标作为同度量因素。其他类推。

设某一分析指标 R 是由相互联系的 A、B、C 三个因素相乘得到，报告期（实际）指标和基期（计划）指标为：

报告期（实际）指标 $R_1 = A_1 \times B_1 \times C_1$

基期（计划）指标 $R_0 = A_0 \times B_0 \times C_0$

在测定各因素变动对指标 R 的影响程度时可按顺序进行：

基期（计划）指标 $R_0 = A_0 \times B_0 \times C_0$ ①

第一次替代：$A_1 \times B_0 \times C_0$　　　　　　　　　②
第二次替代：$A_1 \times B_1 \times C_0$　　　　　　　　　③
第三次替代：$R_1 = A_1 \times B_1 \times C_1$　　　　　　　　④

简化的差额分析法是：

②－①→A 变动对 R 的影响；

③－②→B 变动对 R 的影响；

④－③→C 变动对 R 的影响。

A 变动对 F 的影响：$(A_1 - A_0) \times B_0 \times C_0$

B 变动对 F 的影响：$A_1 \times (B_1 - B_0) \times C_0$

C 变动对 F 的影响：$A_1 \times B_1 \times (C_1 - C_0)$

把各因素变动综合起来，总影响 $\Delta R = R_1 - R_0$

【例 6.1】某企业 2019 年 3 月某种材料费用的实际数是 6 720 元，而其计划数是 5 400 元。实际比计划增加 1 320 元。由于材料费用由产品产量、单位产品材料耗用量和材料单价三个因素的乘积构成。因此，可以把材料费用这一总指标分解为三个因素，然后逐个分析它们对材料费用总额的影响程度。现假设这三个因素的数值如表 6－15 所示。

表 6－15　某企业某种材料费用消耗情况

项目	单位	计划数	实际数	差异
产品产量	件	120	140	20
材料单耗	千克/件	9	8	－1
材料单价	元/千克	5	6	1
材料费用	元	5 400	6 720	1 320

根据表中资料，材料费用总额实际数较计划数增加 1 320 元，这是分析对象。运用连环替代法，可以计算各因素变动对材料费用总额的影响程度，具体如下：

计划指标：$120 \times 9 \times 5 = 5\,400$（元）　　　　　①

第一次替代：$140 \times 9 \times 5 = 6\,300$（元）　　　　②

第二次替代：$140 \times 8 \times 5 = 5\,600$（元）　　　　③

第三次替代：$140 \times 8 \times 6 = 6\,720$（元）（实际指标）　　④

因素分析：

②－① = 6 300 － 5 400 = 900（元）　　　　产量增加的影响

③－② = 5 600 － 6 300 = －700（元）　　　材料节约的影响

④－③ = 6 720 － 5 600 = 1 120（元）　　　价格提高的影响

900 － 700 ＋ 1 120 = 1 320（元）　　　　　全部因素的影响

四、员工绩效评价

员工绩效评价不同于仓储整体绩效评价，它通过对员工在一定时期内在职务工作中所表现出来的能力、努力程度以及工作实绩进行分析，做出客观评价，给予员工与

扫一扫

某仓储部主管绩效考核表

其贡献相应的激励以及公正合理的待遇，把握员工工作执行和适应情况，确定人才开发的方针政策及教育培训方向，合理配置人员，激发员工工作热情和提高工作效率，实现企业的可持续发展。

员工绩效评价的依据主要是员工的目标。员工目标是个人根据企业目标和部门目标结合个人分工制定的。企业员工绩效目标必须根据企业绩效目标和部门绩效目标层层分解设定，所有部门目标必须确保企业目标的实现，部门所有员工的目标必须确保所在部门目标的实现。

员工绩效评价维度主要有业绩维度、行为维度和其他维度。业绩维度包括任务绩效（包括定量和定性任务绩效）、周边绩效和管理绩效等指标；行为维度包括考勤、工作纪律性、服务态度和合作精神等指标。

问题思考与研讨

> 用思维导图绘制仓储绩效指标体系。

能力训练

> 制定一份仓库管理员的绩效考核指标和员工绩效提升举措。

任务三检测单

自我检测

检测题目：学银在线巩固提升测验题

小组检测

检测题目：分组讨论仓库管理员的绩效考核指标和员工绩效提升举措
检测要求：以小组为单位，设计仓库管理员的绩效指标，并展开讨论
检测标准：1. 组员参与程度（10分）；2. 紧扣题目（10分）；3. 做出合理陈述（10分）
小组观点：_____
_____

教师检测

检测标准：1. 紧扣题目要求（10分）；2. 陈述有理有据（10分）；3. 陈述内容完整（10分）
教师评语：_____
_____

检测评分

自我检测（40分）	测试成绩（40分）		
小组检测（30分）	参与程度（10分）	紧扣题目（10分）	做出合理陈述（10分）
教师检测（30分）	标准1. 紧扣题目要求（10分）		
	标准2. 陈述有理有据（10分）		
	标准3. 陈述内容完整（10分）		
满分（100分）			

个人反思

改错	重点内容回顾

小结

参 考 文 献

[1] 徐丽蕊. 仓储作业实务［M］. 北京：北京理工大学出版社，2016.
[2] 薛威. 仓储作业管理［M］. 北京：高等教育出版社，2018.
[3] 北京中物联物流采购培训中心. 物流管理［M］. 南京：江苏凤凰教育出版社，2019.
[4] 张翠花. 物流设备使用与维护［M］. 北京：机械工业出版社，2017.
[5] 朱亚琪，李蕾. 仓储管理实务［M］. 青岛：中国石油大学出版社，2019.
[6] 张小艳，曹琳静. 仓储管理实训教程［M］. 北京：中国人民大学出版社，2019.
[7] 王先庆. 仓储作业管理［M］. 哈尔滨：哈尔滨工业大学出版社，2017.
[8] 姜奕阳. 仓储作业管理［M］. 大连：大连海事大学出版社，2018.
[9] 季敏. 仓储与配送管理实务［M］. 北京：清华大学出版社，2018.
[10] 郑文岭，赵阳. 仓储管理［M］. 北京：机械工业出版社，2018.
[11] 刘常宝. 现代仓储与配送管理：基于仓配一体化［M］. 北京：机械工业出版社，2020.
[12] 沈文天. 配送作业管理［M］. 北京：高等教育出版社，2018.
[13] 彭秀兰，马冬梅. 配送作业管理［M］. 北京：机械工业出版社，2019.
[14] 姜萍，袁森，寇振国，邓小乐. 配送作业实务［M］. 北京：中国财富出版社，2018.
[15] 黄磊. 配送作业实务［M］. 北京：机械工业出版社，2017.
[16] 王磊. 配送作业与管理［M］. 哈尔滨：哈尔滨工业大学出版社，2017.
[17] 王玫. 物流法律法规［M］. 武汉：华中科技大学出版社，2019.
[18] 方仲民. 物流法律法规［M］. 北京：机械工业出版社，2019.
[19] 李爱华，王宝生，张冠男，周晖. 物流法律法规［M］. 北京：清华大学出版社，2018.
[20] 周杰，黄天齐. 物流成本管理［M］. 北京：科学出版社，2015.
[21] 傅莉萍. 仓储管理［M］. 北京：清华大学出版社，2015.
[22] 郑时勇. 仓储管理从入门到精通［M］. 北京：化学工业出版社，2020.
[23] 杨华. 精益仓储管理实战手册［M］. 北京：化学工业出版社，2018.
[24] GB/T 18354—2006. 中华人民共和国国家标准：物流术语［S］. 北京：中国标准出版社，2007.
[25] 公安部天津消防研究所、公安部四川消防研究所. GB/T 50016—2014. 建筑设计防火规范［S］.
[26] 中国国家标准化管理委员会. GB/T 190—2009. 危险货物包装标志［S］.
[27] 中国国安标准化管理委员会. GB/T 21070—2007. 仓储从业人员职业资质［S］.